trams 1

In de serie Trams-jaarboeken verschenen eerder de jaargangen:
1979-1980-1981-1982-1983-1984-1985-1986-1987-1988

Bij de omslagfoto's:

Geheel bovenaan: Op 12 juni 1988 werd het nog slechts uit één lijn bestaande trambedrijf van Trondheim opgeheven. De elf gelede motorrijtuigen, die nog geen vier jaar oud waren, staan sindsdien op een koper te wachten. Opname 27 juni 1986.

Daaronder: Een van de steden die voor de lage-vloertram hebben gekozen is Turijn. Sinds enige jaren rijdt hier het uit een ouder motorrijtuig verbouwde prototype 2800. Met de aflevering van een definitieve serie van 54 stuks zal in 1989 worden begonnen. Opname 13 juni 1988.

Midden: Een groot succes is nu al het splinternieuwe trambedrijf van Grenoble. Hier rijdt motorrijtuig 2005 op de trambrug over de Drac op weg naar Fontaine Le Poya. Opname 12 juni 1988.

Linksonder: Bijzondere gebeurtenis in Nederland was de toeristische stoomtramdienst die gedurende de zomermaanden in Rotterdam werd uitgevoerd. Hier rijdt lokomotief „Ooievaar" met zijn tram in de Scheepstimmermanlaan. Opname 2 juli 1988.

Rechtsonder: Twee Antwerpse trams met reclamebeschildering gefotografeerd voor het Centraal Station. Links „Flandria"-tram 2163, rechts de met bakstenen beschilderde „L&M"-tram 2035. Opname 14 mei 1988.

CIP-GEGEVENS KONINKLIJKE BIBLIOTHEEK, DEN HAAG

Stoer, Gerard

Trams 1989 / Gerard Stoer. - Alkmaar : De Alk. -
Ill. - (Grote alken ; 852)
ISBN 90-6013-852-X
SISO 657.83 UDC 629.433(4-15)(058) NUGI 431
Trefw.: tramwegen ; West-Europa ; jaarboeken.

Ook ditmaal gaat mijn dank weer uit naar alle tramvrienden in binnen- en buitenland die mij met foto's, informatie en goede raad terzijde hebben gestaan, verder aan Jo van Hemert die het kaartje heeft getekend en natuurlijk aan Jacqueline Schoonhein die accuraat als altijd het manuscript heeft getikt.

Foto hiernaast: Motorrijtuig 5016 van de Sneltram Utrecht op de trambrug over de Hollandsche IJssel, op weg naar het eindpunt IJsselstein.

Inhoud

Trams 1989

Gerard Stoer

UITGEVERIJ
DE ALK B.V.

Inleiding

De opmars van de lage-vloertram

De toekomst zal uiteindelijk moeten leren in hoeverre de gebeurtenissen van het afgelopen jaar bepalend zullen zijn geweest voor de verdere ontwikkeling van de tram, maar veel wijst er nu al op dat deze invloed van meer dan voorbijgaande aard zal zijn. Bedoeld wordt de zich explosief ontwikkelende belangstelling voor de lage-vloertram, waarop nu praktisch de gehele tramindustrie van West Europa zich heeft gestort.

Op zich is de lage-vloertram helemaal niet nieuw, echter wel de gelede versie ervan. Wie de oorsprong van de tram met lage instap probeert te traceren komt bij de vierassige „hobble-skirt" motorrijtuigen die kort voor de Eerste Wereldoorlog in New York en enkele andere Amerikaanse steden werden geïntroduceerd als antwoord op de zeer nauwe (lange) rokken die toen het damesmodebeeld gingen bepalen en het instappen in een normale tram praktisch onmogelijk maakten. Uiteraard strekte de lage vloer zich alleen tussen de draaistellen uit, want motoren waren in die tijd nog verre van compact. De in die tijd in Europese steden vrijwel uitsluitend toegepaste twee-assige motorrijtuigen leenden zich dan ook absoluut niet voor deze constructie, maar wel verschenen in de periode 1915-1930 een aantal opmerkelijke twee- en vierassige aanhangrijtuigen met zeer lage middeninstap. Hiertoe behoorden ook de Amsterdamse series 881-900 en 931-950. Er is daar dus in ieder geval niets nieuws onder de zon!

Pas in de jaren dertig konden – dankzij verbeterde isolatietechnieken – compacte, snellopende motoren worden gebouwd, die samen met kleinere wielen voor een verlaging van de vloerhoogte bij twee-assige motorrijtuigen zorgden. De aldus verkregen winst bedroeg zo'n tien tot twintig centimeter. De bekendste trams van dit type waren de zogenaamde „Niederflurwagen", die in de periode 1935-1943 aan een aantal Duitse trambedrijven werden geleverd.

Daarna ebde de belangstelling voor lage vloeren weer weg, eerst omdat de Tweede Wereldoorlog en de daarop volgende wederopbouw andere prioriteiten stelden, vervolgens door de grootschalige introductie van gelede trams –

5

New York. Verreweg de meeste ,,hobble-skirt''-trams waren enkeldekkers, maar in sommige wereldsteden waren ook dubbeldekkers te vinden. (Foto: verz. H.J.A. Duparc)

waarmee het lage-vloerprincipe niet goed verenigbaar leek – en tenslotte omdat men dacht dat de toekomst van de tram op de vrije baan of in tunnels zou komen te liggen, waarvoor hoe dan ook perrons zouden moeten worden gebouwd.

De enige jaren geleden plotseling weer opgelaaide interesse voor lage-vloertrams stamt dan ook niet uit West Duitsland – bakermat van alle tramontwikkelingen van enig belang sinds de Tweede Wereldoorlog – maar uit Zwitserland. Bovendien kwam het idee niet van één van de gevestigde tramindustrieën, maar van een nieuwkomer in deze bedrijfstak. De firma AMCV uit Vevey, fabrikant van spoorwegmaterieel en voornamelijk rolblokken, concludeerde dat dit laatste produkt ook uitstekend als middendraaistel voor een gelede tram met lage vloer zou kunnen dienen. Het trambedrijf van Genève hapte als eerste toe, in eerste instantie wellicht meer om politiek-economische redenen dan uit vertrouwen in het concept, want Vevey ligt in het Franssprekende deel van Zwitserland. Ruim drie jaar van proefnemingen – eerst met het kleine draaistel ingebouwd in een bestaand geleed motorrijtuig, later met een speciaal gebouwd prototype – zijn nodig geweest om iedereen

Bonn. In 1914 kocht de tram Bonn-Bad Godesberg-Mehlem drie van deze curieuze vierassige aanhangrijtuigen met lage instap. (Foto: Wim Cramer)

Amsterdam. In 1921 verschenen in de Hoofdstad twintig twee-assige aanhangrijtuigen met lage instap. Bij het publiek waren deze ,,nogablokken'' populairder dan bij het personeel. (Foto: verz. H.J.A. Duparc)

Düsseldorf. De Rheinische Bahngesellschaft was de belangrijkste afnemer van de vooroorlogse „Niederflur"-tram.

te overtuigen van de haalbaarheid van het idee, maar thans is de aflevering van 45 motorrijtuigen aan Genève in volle gang. Als tweede stad heeft Bern inmiddels voor de lage-vloertram met kleine middendraaistellen gekozen. Hier zullen in 1989 twaalf stuks in dubbelgelede uitvoering worden geleverd. Tenslotte heeft als eerste stad buiten Zwitserland St. Etienne zich voor het type Vevey aangemeld.

Het idee van een lage-vloertram had inmiddels ook andere fabrikanten aan het denken gezet en opnieuw kwamen de eerste resultaten uit een onverwachte hoek, ditmaal Italië. In 1984 verscheen in Milaan en een jaar later in Turijn een gelede lage-vloertram, verbouwd uit bestaande motorrijtuigen. De hierbij toegepaste constructie was echter een geheel andere dan in Genève. De twee rijtuighelften zijn verbonden door een korte middenbak die op vier wielen van normale diameter rust. Deze wielen draaien vrij om korte, geknikte asstompen die aan de vloer van de middenbak of de oplegconstructie van de eindbakken zijn bevestigd. Op deze wijze kan de vloer verlaagd tussen de wielen worden aangebracht. Hoewel het prototype in Milaan sinds 1986 in de normale dienst rijdt, is een verdere bestelling van lage-vloertrams nog achter-

8

Bern. Een model van het nieuwe materieel met loopdraaistellen van het type Vevey. (Foto: verz. Bas Schenk)

Turijn. De eerste lage-vloertram van de definitieve serie was in juni 1988 in ruwbouw gereed. (Foto: verz. Herman van 't Hoogerhuis)

wege gebleven. Anders ligt dit in Turijn. Hier werd eind 1984 een eerder gedane bestelling van honderd semi-motorrijtuigen met hoge instap gehalveerd en de rest vervangen door 54 lage-vloertrams, waarvan de eerste eind 1988 moeten worden afgeleverd.

Door deze wat trage gang van zaken is Italië inmiddels met vlag en wimpel voorbijgestreefd door Frankrijk. Hier liet Grenoble plotseling weten voor zijn nieuw aan te leggen tramnet lage-vloertrams te willen gaan gebruiken en in verbazend korte tijd paste Alsthom-Francorail zijn voor Nantes ontwikkelde gelede tram aan de nieuwe eisen aan, daarbij een soortgelijke constructie toepassend als in Italië was ontwikkeld. Het resultaat van deze snelle aktie was dat Grenoble op 3 augustus 1987 als eerst trambedrijf ter wereld de gelede lage-vloertram in grotere aantallen voor het publiek kon inzetten.

Een kennismaking met de verschillende typen leert, niet geheel onverwacht, dat de trams voor Grenoble zowel op het punt van instap- als rijcomfort als het meest geslaagd moeten worden beschouwd. Dit materieel kan zich meten met het beste wat er in de wereld op tramgebied op de markt is. Ook het prototype dat in Turijn rijdt heeft heel behoorlijke rijeigenschappen, zeker als men voor ogen houdt dat het, weliswaar eindeloos verbouwd, materieel uit 1935 betreft. Dit geldt in nog sterkere mate voor het proefmodel in Milaan dat uit twee, zestig jaar oude Peter-Wittmotorrijtuigen is samengesteld. De rijeigenschappen van het Geneefse prototype zijn zeker acceptabel, maar het geluidsniveau is aanmerkelijk hoger dan bij andere moderne trams. Kennelijk

Grenoble. Close-up van de middenbak op vier losse wielen.

is het niet gelukt de wieltjes van het kleine middendraaistel van rubbervering te voorzien. Overigens schijnt de definitieve serie zich in dit opzicht beter te gedragen.

De hier beschreven lage-vloertrams hebben behalve voordelen ook enkele nadelen. Zo kunnen alleen de einddraaistellen worden gemotoriseerd, terwijl het juist de huidige trend is trams met zoveel mogelijk aangedreven assen uit te rusten. Ook het beremmen van de niet via assen onderling verbonden, dan wel zeer kleine wielen onder de geleding is geen eenvoudige zaak. Verder is de Frans/Italiaanse oplossing met wielen van normale diameter niet geschikt voor smalsporige trambedrijven en tenslotte leent dit tramtype zich nauwelijks voor kaartverkoop door de bestuurder.

Er is een oplossing die deze nadelen niet heeft, en ook geen technische problemen oproept, maar dan ook maar heel weinig voordelen biedt. Bedoeld is de dubbelgelede tram waarvan alleen het middenbalkon op trottoirhoogte is gebracht. Momenteel rijden hiervan prototypen rond in Amsterdam en Basel. Beide bedrijven zijn inmiddels tot een seriebestelling overgegaan, waarbij het in Basel om losse middenbakken gaat waarmee bestaande zesassers tot achtassers worden verlengd. Erg overtuigend werkt deze oplossing niet. De passagier die op een lage instap is aangewezen komt in een opvangruimte met slechts enkele zitplaatsen terecht, van waaruit hij of zij niet verder kan, want de akelig steile trapjes naar de hoger gelegen afdelingen werken voor geen enkele categorie reizigers erg uitnodigend, behalve dan voor kinderen die er speeltuig in zien. In de constructief overeenkomstige trams die door Würzburg voor de nieuwe lijn 5 naar Heuchelhof zijn besteld komen hellingen in plaats van trapjes, wat mogelijk is doordat deze kolossen liefst 32,6 meter lang worden (ruim vier meter langer dan een Haagse 3000!). Alle assen worden ook aangedreven, omdat de nieuwe lijn een helling van 9,1% krijgt. Men ziet het lage balkon dan ook in de eerste plaats als opvangruimte voor fietsers die de terugtocht niet meer aankunnen.

We hebben nu drie basistypen van gelede trams met lage instap bekeken, alle met specifieke voor- en nadelen, en bovendien geconstateerd dat de Duitse Bondsrepubliek – tramleverancier bij uitstek in West Europa – bij de ontwikkeling ervan nauwelijks een rol heeft gespeeld. De vraag is of het daarbij zal blijven en het antwoord ontkennend. Bij de grootste West-Europese producent van trams, DUEWAG in Düsseldorf, is thans een tramtype „Stadtbahn 2000" in ontwikkeling, dat van kop tot staart een vloerhoogte van 35 centimeter zal krijgen en in elke lengte kan worden geleverd. Hiervoor zullen alle technische registers moeten worden opengetrokken, en zo krijgt de tram van

Links: Grenoble. Dankzij uitschuifbare treden hebben de lage-vloertrams een onovertroffen instapcomfort.
Rechts: Het allerminst uitnodigende trapje in de Baselse lage-vloertram.
Onder: Amsterdam. Motorrijtuig 886 met verlaagde middenbak. (Foto: Karel Hoorn)

de komende eeuw losse bestuurbare wielen die door afzonderlijke, aan de wagenbak opgehangen compacte draaistroommotoren worden aangedreven. De schrik slaat iedere tramhistoricus onmiddellijk om het hart, want in onderdelen is alles al minstens een halve eeuw geleden bedacht en sindsdien telkens opnieuw uitgeprobeerd, meestal met desastreuse resultaten. De bestuurbare assen van de Rotterdamse serie 700 vormen een recent berucht voorbeeld. DUEWAG, wellicht niet onkundig van deze voorgeschiedenis, heeft ruim de tijd genomen voor de ontwikkeling van het nieuwe wonder. In 1995 moet het produktierijp zijn. Edoch, met de hete adem van de concurrentie in de nek – iedere Duitse tramfabriek heeft inmiddels een lage-vloertram aangekondigd – en twee belangrijke klanten (Mannheim en Kassel) die staan te dringen op de stoep, zou het allemaal wel eens wat vlugger kunnen gaan.

Momenteel wordt de nieuwe techniek uitgeprobeerd onder het voormalige „Grossraum"-motorrijtuig 2106 van de Rheinische Bahngesellschaft in Düsseldorf. Hiervan is het voorste draaistel vervangen door twee aangedreven, bestuurbare wielen.

Computerimpressie van het „Stadtbahn 2000"-materieel. (Foto: DUEWAG)

Na DUEWAG, schijnt in de Bondsrepubliek de firma MAN uit Nürnberg het verst te zijn met de ontwikkeling van een lage-vloertram. Wat betreft de constructie van de geleding heeft het dubbelgelede prototype „Roland der Riese" uit Bremen model gestaan, maar de draaistellen zijn geheel anders. Deze krijgen één as met onafhankelijk draaiende wielen en een vaste as die door een draaistroommotor wordt aangedreven, bij het voorste draaistel lopen de losse wielen vooraan, bij alle andere draaistellen achteraan. De vloerhoogte varieert tussen 300 en 350 mm.

Naast Bremen heeft ook München interesse voor het ontwerp getoond en inmiddels al drie prototypen besteld.

Het lijdt geen twijfel dat de overal opduikende interesse voor de lage-vloertram samenhangt met een herwaardering voor de „tram-in-de-straat" en dat is met name in de Duitse Bondsrepubliek na enige decennia van „Stadtbahn" en betongeweld op zijn zachtst gezegd een ommezwaai te noemen, ook al zijn de steden die nu interesse tonen ook degene die zich het minst aan tunnels en viadukten hebben bezondigd. De tramontwikkeling in de nabije toekomst zou daarom wel eens meer dan alleen een voertuigontwikkeling kunnen worden, ofschoon ook de zuiver materieeltechnisch geïnteresseerden ruimschoots aan hun trekken zullen kunnen blijven komen.

Ontwikkelingen elders in de wereld

Langzamerhand begint zich een verschuiving af te tekenen in de verspreiding van tramsteden over de wereld. Twintig jaar geleden – op het absolute diepte-punt – had de tram zich teruggetrokken tot het vasteland van Europa, Aziatisch Rusland, Japan en Noord-Amerika. Daarbuiten waren bedrijven van enige omvang op de vingers van één hand te tellen: Alexandrië, Cairo, Calcutta en Melbourne. Van vernieuwing was alleen sprake in West en Oost-Europa. Voor Canada, de Verenigde Staten en Japan betrof het eigenlijk meer een kwestie van doorsukkelen. Nieuw materieel was daar sinds 1950 praktisch niet meer aangeschaft.

Vanaf ongeveer 1980 is daar echter flink verandering in gekomen en het lijkt wel of de ontwikkelingen zich in een steeds sneller tempo voltrekken. Het zwaartepunt ligt daarbij duidelijk in Noord-Amerika, dat bezig is de tram te herontdekken, maar ook op onverwachte plaatsen op aarde duiken nieuwe trambedrijven of sneltramlijnen op. Meestal gebeurt dat in steden die in een vroeger tijdperk de tram al ooit vaarwel hebben gezegd, maar in sommige gevallen is deze vorm van openbaar vervoer een volkomen nieuw verschijnsel.

Nu is het wel nodig voor de beschrijving van deze aanwinsten het begrip

Newcastle. De metro-achtige Tyne & Wear sneltram maakt voor een groot deel gebruik van bestaande spoorweginfrastructuur. (Foto: Michael Taplin)

„tram" wat op te rekken. Slechts in een enkel geval, zoals in Grenoble, ligt de lijn voor het merendeel in de openbare weg. Veel vaker rijdt de (snel)tram alleen in het winkelcentrum door de straat en daarbuiten op eigen baan. Vaak is dat buitentrajekt een voormalige spoorlijn en soms rijden goederentreinen tussen de trams door. In een enkel geval ligt de lijn geheel op eigen baan, al dan niet met een tunnel onder het centrum. Het onderscheid tussen trein en tram wordt dan een kwestie van smaak, waarbij richtingwijzend kan zijn dat de lijn in de planologische structuur is ingepast (zoals de sneltram Utrecht) en niet kaarsrecht door het landschap is getrokken, van lage perrons gebruik wordt gemaakt, of dat het materieel betrekkelijk licht is en elders ook op tramlijnen wordt ingezet.

Het nu volgende overzicht probeert de gebeurtenissen vanaf 1978, het jaar waarin de eerste nieuwe raillijn in Edmonton werd geopend, op een rijtje te zetten. Hierbij wordt ook een korte karakteristiek van de lijn(en) gegeven.

15

Het betreft uitsluitend nieuwe aktiviteiten; uitbreidingen van bestaande netten (dus ook Valencia) zijn buiten beschouwing gelaten, evenals met oud materieel van elders geëxploiteerde nostalgische lijntjes ook al voorzien deze in een reële vervoerbehoefte. Voorbeelden hiervan zijn vooral in de Verenigde Staten (Detroit en Seattle) te vinden.

Verder is een voorzichtige blik in de toekomst geworpen, waarbij overigens alleen projekten zijn opgenomen die reeds in uitvoering zijn of waarover op zijn minst een contract is getekend. Wanneer alle plannen die worden gepubliceerd ook ooit zouden worden verwezenlijkt lag onze planeet immers binnen de kortste keren vol met rails.

Land	*Stad*	*Openingsdatum*	*Lengte*	*Spoorbreedte*
Canada	Edmonton	23-4-1978	10,3 km	1435 mm

Eén lijn: grotendeels via een bestaand spoorwegtracé, ondergronds in het centrum, hoge perrons. Verlenging (2,5 km) in aanleg.
Materieel: 37 enkelgelede twee-richtingtrams, DUEWAG, identiek aan Frankfurt „U-Bahn"-type U2.

Canada	Calgary	25-5-1981	ca. 40 km	1435 mm

Drie lijnen: op eigen baan in buitenwijken, in het centrum in de bestrating, hoge perrons. Diverse verlengingen gepland.
Materieel: 68 enkelgelede tweerichtingtrams (DUEWAG), identiek aan Edmonton.

Verenigde Staten	San Diego	26-7-1981	33 km	1435 mm

Twee lijnen: grotendeels via bestaande spoorwegtracé's, in het centrum in de bestrating, lage perrons. Verlenging in aanleg.
Materieel: 30 enkelgelede tweerichtingtrams, DUEWAG, identiek aan Edmonton en Calgary.

Verenigde Staten	Buffalo	18-5-1985	10,3 km	1435 mm

Eén lijn: in tunnel in de buitenwijken, in het centrum in de bestrating, hoge en lage perrons. Uitbreidingen gepland.
Materieel: 27 tweerichting-vierassers, Tokyu Car Co Yokohama.

San Diego. Twee gekoppelde trams van het Frankfurtse type U2 aan het eindpunt Santa Fe Station. Het voorste tramstel heeft air-conditioningkasten op het dak.

Buffalo. Drie gekoppelde motorrijtuigen in het stadscentrum. (Foto: Bas Schenk)

*Sacramento. De nieuwe tramlijn in de hoofdstad van Californië is groten-
deels enkelsporig.*

*San José. Onervarenheid met het nieuwe vervoermiddel is wellicht de oor-
zaak dat het materieel naar Europese smaak een maat te groot is uitgevallen.*

| Verenigde Staten | Portland | 8-9-1986 | 24 km | 1435 mm |

Eén lijn: op eigen baan in de buitenwijken, in het centrum in de bestrating, lage perrons. Uitbreidingen gepland.
Materieel: 26 enkelgelede tweerichtingtrams, Bombardier Montreal (naar BN-ontwerp).

| Verenigde Staten | Sacramento | 16-3-1987 | 29,3 km | 1435 mm |

Eén lijn: grotendeels via bestaande spoorwegtracé's, in het centrum in de bestrating, grotendeels enkelsporig, lage perrons. Verlenging gepland.
Materieel: 26 enkelgelede tweerichtingtrams, DUEWAG.

| Verenigde Staten | San José | 17-6-1988 | 32 km | 1435 mm |

Eén lijn: op eigen baan in de buitenwijken, in het centrum in de bestrating, lage perrons. Uitbreidingen gepland.
Materieel: 50 enkelgelede tweerichtingtrams, UTDC Canada.

In aanleg:

| Verenigde Staten | Los Angeles | 1990 | 34 km | 1435 mm |

Eén lijn naar Long Beach: op eigen baan, tunnel in het centrum van Los Angeles, hoge perrons.
Materieel: 23 enkelgelede tweerichtingtrams, Sumitomo/Nippon Sharyo.

| Mexico | Guadalajara | 2-1989 | 16 km | 1435 mm |

Eén lijn, die gebruik maakt van een bestaande 6,5 km lange trolleybustunnel(!) door het centrum. Verlenging tot 16 km gepland voor 15-2-1989.
Materieel: 16 gelede tweerichtingtrams, DUEWAG.

| Mexico | Montherry | ? | 17,5 km | 1435 mm |

Eén lijn tussen Expo Guadalupe en een noordwestelijke voorstad: in het centrum op viaduct boven de spoorlijn.
Materieel: 25 enkelgelede tweerichtingtrams, CNCF, Mexico.

| Brazilië | Rio de Janeiro | 12-5-1983 | 8 km | 1435 mm |

Verlenging van metrolijn 2 als sneltram (à la Rotterdam), lage perrons.
Materieel: 20(?) enkelgelede tweerichtingtrams, BN/Cobrasma.
Lijn eind 1985 gesloten door mismanagement en politieke tegenwerking.
Materieel aangepast en nu ingezet op de metrolijnen.

Argentinië	Buenos Aires	27-8-1987	6,5 km	1435 mm

Verlenging van metrolijn E als sneltram, lage perrons.
Materieel: 8 tweerichting-vierassers, door Scipioni verbouwd uit metrorijtuigen. 25 nieuwe motorrijtuigen in aflevering door MATAFER.

Egypte	Helwan	19-2-1981	16 km	1000 mm

Twee lijnen: grotendeels op eigen baan, lage perrons. Geëxploiteerd als onderdeel van het trambedrijf van Cairo.
Materieel: Driedelige motor-aanhang-stuurstandcombinaties, Kinki Sharyo Japan.

Tunesië	Tunis	13-10-1985	10 km	1435 mm

Eén lijn: grotendeels via bestaande wegen, maar afgescheiden; middelhoge perrons. Diverse uitbreidingen in aanleg.
Materieel: 78 dubbelgelede tweerichtingtrams, MAN/DUEWAG/Siemens.

USSR	Ust-Ilimsk	1981	? km	1524 mm

Eén sneltramlijn: lage perrons.
Materieel: éénrichting-vierassers, Kirov, KTM5.

Philippijnen	Manila	1-12-1984	15 km	1435 mm

Eén lijn: geheel op viaduct, middelhoge perrons.
Materieel: 64 dubbelgelede éénrichtingtrams, staart-aan-staart gekoppeld, BN (type „Kustlijn"). (Opmerking: in feite betreft het hier een met (snel)trammaterieel geëxploiteerde metro.)

Hongkong	Tuen Mun	18-9-1988	23 km	1435 mm

Hoofdlijn met zijtakken, op eigen baan, hoge perrons. Diverse uitbreidingen gepland.
Materieel: 70 éénrichting-vierassers, Leighton-MTA Melbourne.

Rio de Janeiro. De sneltram is hier alweer verleden tijd. Een deel van de lijn is echter als metro heropend. (Foto: Alain Piette)

Buenos Aires. Het eerste materieel op de nieuwe tramlijn bestond uit 75 jaar oude metrorijtuigen die van nieuwe bakken waren voorzien (midden). Inmiddels zijn echter 25 geheel nieuwe trams in aflevering (onder). (Beide foto's: Ciril van Hattum)

Helwan. Een splinternieuw trambedrijf in de woestijn. (Foto: Marc o Moerland)

Tuen Mun. Twee zojuist afgeleverde motorrijtuigen van dit trambedrijf op het vasteland van Hongkong staan in de remise. (Foto: Ben Loos)

In aanleg:

| Maleisië | Kuala Lumpur | 2-1989 | 14,5 km | 1067 mm |

Eén lijn: grotendeels via bestaand spoorwegtracé, kort straattrajekt, hoge perrons(?). Diverse uitbreidingen gepland.
Materieel: 14 enkelgelede tweerichtingtrams (type Melbourne), Comeng Maleisië.

| Turkije | Konya | 1990 | 18 km | 1435 mm |

Eén lijn van het centrum naar de universiteit, lage perrons. Uitbreiding tot vier lijnen gepland.
Materieel: Dubbelgelede DUEWAG-éénrichtingtrams, tweedehands over te nemen uit Keulen.

| USSR | Stary Oskol | 31-12-1980 | ? km | 1524 mm |

Waarschijnlijk één sneltramlijn: lage perrons.
Materieel: éénrichting-vierassers, Kirov KTM 5.

| USSR | Mozyr | 4-8-1988 | 12 km | |

Eén lijn.
Materieel: 11 vierassige motorrijtuigen, type KTM 5.

| Groot Brittannië | Newcastle | 11-8-1980 | 55 km | 1435 mm |

Vier lijnen: grotendeels via bestaande spoorwegtracé's, ondergronds in het centrum, hoge perrons, stroomtoevoer via derde rail. Kleine uitbreiding gepland.
Materieel: 90 enkelgelede tweerichtingtrams (à la noord-zuidlijn Rotterdam), Metropolitan-Cammell/DUEWAG.

| Groot-Brittannië | Londen | 31-8-1987 | 12 km | 1435 mm |

Twee lijnen: grotendeels via bestaande spoorwegtracé's, hoge perrons, stroomtoevoer via derde rail. Verlengingen in aanleg. Verdere uitbreiding gepland.
Materieel: 11 enkelgelede tweerichtingtrams, Linke-Hofmann-Busch.

| Nederland | Utrecht | 18-12-1983 | 18 km | 1435 mm |

Twee lijnen: grotendeels op eigen baan, hoge perrons. Uitbreiding gepland.
Materieel: 27 enkelgelede tweerichtingtrams, SIG Neuhausen.

| Frankrijk | Nantes | 15-4-1985 | 10,6 km | 1435 mm |

Eén lijn: in de buitenwijken deels via bestaand spoorwegtracé, in het centrum in de bestrating maar afgescheiden, lage perrons. Verlenging in aanleg; tweede lijn gepland.
Materieel: 28 enkelgelede tweerichtingtrams, Alsthom-Francorail.

| Frankrijk | Grenoble | 6-9-1987 | 8,9 km | 1435 mm |

Eén lijn: praktisch geheel in de bestrating, lage perrons. Tweede lijn in aanleg.
Materieel: 20 enkelgelede tweerichtingtrams met lage instap, Alsthom-Francorail.

| Roemenië | Constanta | 23-8-1984 | 20 km | 1435 mm |

Drie lijnen: praktisch geheel in de bestrating, lage perrons. Vierde lijn in aanleg.
Materieel: 25 dubbelgelede éénrichtingtrams, Electroputere Bucuresti.

| Roemenië | Brasov | 9-1987 | 6,7 km | 1435 mm |

Eén lijn: geheel in de bestrating, lage perrons.
Materieel: 40 enkel- en dubbelgelede éénrichtingtrams, Electroputere Bucuresti.

| Roemenië | Cluj-Napoca | 1-10-1987 | 13 km | 1435 mm |

Drie lijnen: geheel in de bestrating, lage perrons.
Materieel: 21 vierassige éénrichtingmotor- en aanhangrijtuigen, Banat Timisoara; 2 dubbelgelede éénrichtingtrams, Electroputere Bucuresti..

| Roemenië | Craiova | 25-9-1987 | 18,6 km | 1435 mm |

Eén lijn: geheel in de bestrating, lage perrons.
Materieel: 21 vierassige éénrichtingmotor- en aanhangrijtuigen, Banat Timisoara.

| Roemenië | Ploesti | 7-10-1987 | 5 km | 1435 mm |

Eén lijn: geheel in de bestrating, lage perrons. Verlenging en tweede lijn in aanleg.
Materieel: dubbelgelede éénrichtingtrams, Electroputere Bucuresti; vierassige éénrichtingmotor- en aanhangrijtuigen, Banat Timosoara.

Grenoble. Dit nieuwe trambedrijf onderscheidt zich doordat het vrijwel geheel in de bestrating ligt. (Foto: Ben Loos)

Constanta. Motorrijtuig 102 van Electroputere rijdt tussen de flats. (Foto: Ernst Lassbacher)

Brasov. Motorrijtuig 3 ten tijde van de proefritten. (Foto: Earl Clark)

Craiova. „TIMIS"-tramstel naast een door methaangas voortbewogen bus. (Foto: Earl Clark)

In aanleg:

Roemenië	Resita	23-8-1988	9,5 km	1435 mm

Eén lijn: geheel in de bestrating, lage perrons.
Materieel: 18 vierassige éénrichtingmotor- en aanhangrijtuigen, Banat Timisoara.

Italië	Genova (Genua)	1990(?)	8 km	1435 mm

Eén lijn: deels in tunnel rest op eigen baan, hoge perrons.
Materieel: 9 enkelgelede tweerichtingtrams, Stanga, Padova.

Zwitserland	Lausanne	1990	8 km	1435 mm

Eén lijn: geheel op eigen baan, hoge perrons.
Materieel: 12 enkelgelede éénrichtingtrams met lage instap, ACMV Vevey.

Turkije	Istanbul	10-1988	7 km	1435 mm

Eén lijn: grotendeels op eigen baan, hoge perrons. Diverse uitbreidingen gepland.
Materieel: uiteindelijk 105 enkelgelede tweerichtingtrams, ASEA Zweden/SGP Graz.

Cluj-Napoca. De hier ingezette „TIMIS"-tramstellen zijn gebouwd door Banat in Timisoara. (Foto: Earl Clark)

Ploesti. Twee dubbelgelede motorrijtuigen aan het eindpunt Rulmentul. (Foto: Earl Clark)

Istanbul. De eerste motorrijtuigen voor het nieuwe sneltramnet staan in mei 1988 gereed op het fabrieksterrein van ASEA in Göteborg. (Foto: Bas Schenk)

Dit overzicht toont overduidelijk aan hoe subtiel de grens tussen (snel)tram en metro soms ligt en wellicht wordt een zuiverder beeld verkregen als een aantal projekten, als zijnde te ,,spoors'', van de lijst wordt geschrapt, ook al deelt de vakliteratuur ze bij het lokale vervoer in. Voor de hand liggende candidaten hiervoor zijn bijvoorbeeld Edmonton, Rio de Janeiro, Manila, Newcastle, Londen, en eventueel ook Genua, omdat de plannen zich daar steeds meer in de richting van een zware metro ontwikkelen. Toch is de lijst die dan nog overblijft indrukwekkend genoeg en een duidelijk bewijs dat het stedelijk railvervoer in de lift zit. Dit wordt nog verder benadrukt – en dat geldt met name voor de traditionele tram – indien ook de ontwikkelingen bij de bestaande bedrijven hierbij worden betrokken, want die zijn op weinig uitzonderingen na alle positief.

Een hoogst merkwaardige plaats in dit hele proces neemt Roemenië in, waar in amper vijf jaar tijd zes nieuwe tramsteden zijn toegevoegd aan de acht die er al waren en dat bij een inwoneraantal van iets meer dan twintig miljoen. De achtergrond van deze koortsachtige activiteit is dat de regering het land in

28

een geforceerd tempo verder wil industrialiseren, waarvoor grote groepen van de bevolking van het platteland naar de steden moeten verhuizen. Daarnaast heeft deze overheid zich ook ten doel gesteld Roemenië zo snel mogelijk schuldenvrij te maken en om dit te bereiken moet een zo groot mogelijk handelsoverschot worden gecreëerd. Door tramlijnen aan te leggen snijdt het mes aan twee kanten. Enerzijds kan nu meer aardolie worden geëxporteerd, terwijl anderzijds geen bussen behoeven te worden geïmporteerd. Roemenië heeft zelf twee tramfabrieken, Banat en Electroputere.

Het kan niet anders of tegenover deze wereldwijd positieve ontwikkelingen staan ook enkele tegenvallers. In juni 1987 sneuvelde de tram in Trondheim als resultaat van een zich al jaren voortslepend politiek conflict, waarin gelijk krijgen op den duur belangrijker bleek dan gelijk hebben. Evenmin verheffend zijn de gebeurtenissen van het afgelopen jaar in het Belgische Henegouwen geweest, waar een combinatie van dorpspolitiek en wanbeleid ervoor hebben gezorgd dat de tramaktiviteit nu tot een absoluut minimum is gedaald en men voor de toekomst voor nog meer opheffingen moet gaan vrezen, hoeveel geld en beton er inmiddels ook in het metroprojekt mag zijn gestort.

Ofschoon op dit moment geen enkel ander trambedrijf acuut wordt bedreigd, moet niet worden uitgesloten dat er in de toekomst nog enkele slachtoffers zullen vallen. Mogelijke cadidaten zijn Asunción del Paraguay, waar de baan

Trondheim. Pure tramromantiek die nu verleden tijd is. (Foto: Ernst Lassbacher)

Trambedrijven die in de gevarenzone verkeren zijn Asunción (boven) en Gmunden (onder). (Foto's: Gerard Stoer en Karel Hoorn)

*Hanoi. Het is nauwelijks voorstelbaar, maar het volkomen opgereden tram-
bedrijf lijkt toch nog een overlevingskans te hebben. (Foto: Ernst
Lassbacher)*

volkomen is opgereden en het tramrestant toch al geen enkele reële vervoers-
taak meer vervult, en Gmunden, waar de stad niet bereid blijkt de tram een
wat gunstiger eindpunt te geven en de vervoercijfers schrikbarend dalen.
Verder zijn in Porto, zoals te verwachten, de resterende tramlijnen geruisloos
in een rijdend trammuseum overgegaan. Daarentegen schijnt het door iedereen ten dode opgeschreven trambedrijf van Hanoi toch weer overlevingskan-
sen te hebben. Hoewel twee lijnen in 1986 aan een trolleybusprojekt ten offer
zijn gevallen zullen de overige drie, althans voorlopig, blijven bestaan. De
werkplaats heeft zich met bescheiden middelen, maar veel enthousiasme op
een renovatieprogramma van het materieel gestort en ook de vijf in 1985 uit
Lille overgenomen vierassers schijnen eindelijk in dienst te zijn gekomen.

Nederland

Regionale sneltramplannen

Hoewel de feitelijke gebeurtenissen op tramgebied in ons land niet zoveel aanleiding geven om voor het jaar 1988 een speciale plaats in de geschiedschrijving in te ruimen, hebben toch een aantal plannen vaste vorm gekregen die voor de ontwikkeling van het openbaar vervoer in de komende decennia in met name de Randstad vergaande consequenties kunnen hebben.

De overweging dat met de huidige groei van het autoverkeer in het begin van de volgende eeuw zelfs voor de files wel eens geen plaats meer kan zijn heeft met name de drie grote steden aan het denken gezet en een van de conclusies was dat verbetering van het lokale openbaar vervoer op zich niet voldoende kan opleveren wanneer dit aan de stadsgrenzen ophoudt. Kortom, het streekvervoer moet op de rails en via de bestaande stadstram- en metronetten kunnen doordringen tot de uiteindelijke bestemming van de reizigers, in plaats van ze op een stationsplein af te zetten. Wie hoort de „blauwe tram" alweer fluiten?

De eerste stad die met een uitgewerkt plan op tafel kwam was Den Haag. Om de realisatiekansen niet bij voorbaat naar de volgende eeuw te verschuiven heeft men zich hier in eerste instantie geconcentreerd op die regionale verbindingen waarvoor een railinfrastructuur reeds bestaat, met name de Zoetermeerlijn (ooit als sneltramlijn geconcipieerd!) en de Hofpleinlijn van de Nederlandse Spoorwegen, en de interlokale HTM-tramlijn naar Delft. Gezien het accent op het woon- werkverkeer is het niet verwonderlijk dat als sneltrambestemmingen in Den Haag het Bezuidenhout, Benoordenhout en de omgeving van het Congrescentrum zijn gekozen. Geheel in lijn hiermee zou de Delftse tramlijn via het industriegebied Plaspoelpolder moeten worden omgelegd en naar de woonwijken van Delft-Zuid doorgetrokken.

Voor de oplossing van de niet geringe materieeltechnische problemen die de integratie van spoor- en tramlijnen zal meebrengen blikt Den Haag hoopvol naar Karlsruhe, waar nu reeds materieel van praktisch hoofdspoorallure door de voornaamste winkelstraat rijdt om vervolgens via voormalige lokaalspoorlijnen over de regio uit te waaieren.

Vanaf het moment dat de Hofpleinlijn in de plannen opdook, viel ook de

IJsselstein. Nederland ooit vol met regionale trams? Het lijkt een droom die niettemin kans maakt om werkelijkheid te worden.

naam van de andere grote stad in de regio, Rotterdam, bepaald ook niet zonder spitsuurproblemen. Gelukkig bleek ook in de Maasstad het denkproces over een regionaal railnet reeds op gang gekomen en dat men zijn taak ruim zag moge blijken uit de naam „Randstadrail" die voor het projekt werd gekozen. Uiteraard werd in Rotterdam voor het doorvoeren van regionale sneltrams via de binnenstad in eerste instantie aan de bestaande metro/sneltramlijnen gedacht. Zo ligt het voor de hand om de Hofpleinlijn op de noord-zuidmetrolijn aan te sluiten. Toch wil men ook enkele, grotendeels op eigen baan gelegen tramlijnen in het projekt betrekken, met name lijn 2 op de Linker-Maasoever en lijn 1 van het Marconiplein naar Schiedam Woudhoek, een trajekt dat ooit als verlenging van de oost-westmetro was bedoeld. Dat daarmee ook de doortrekking naar de HTM-lijn in Delft weer aktueel wordt hoeft geen betoog. Behalve de metro/sneltramlijn naar Capelle aan den IJssel, worden als andere toekomstige bestemmingen van Randstadrail genoemd: Krimpen aan den IJssel, Alblasserdam, Hendrik-Ido-Ambacht, Zoetermeer (als aftakking van de Hofpleinlijn), Vlaardingen en – via de bestaande spoorlijn – Hoek van Holland.

Wat de materieelkeuze voor het nieuwe railnet betreft, richt Rotterdam zich voorlopig op Keulen dat inderdaad de langste ervaring met de integratie van spoor- en tramlijnen heeft.

Deze uitbarsting van activiteit in het zuidwesten van de Randstad betekent niet dat er in de andere agglomeraties niets aan de hand zou zijn. Amsterdam heeft geen spoorlijnen van uitsluitend regionale betekenis, maar een sneltramlijn naar Amstelveen is in volle aanleg en een toekomstige verlenging naar Schiphol-Oost niet uitgesloten. Ook bestaan er inmiddels serieuze plannen voor een sneltram parallel aan de oostelijke en zuidelijke ringspoorlijn die Sloterdijk met de Bijlmermeer moet gaan verbinden. Mocht voorts de railtunnel onder het IJ er komen, dan is een regionaal sneltramnet in Waterland, met uitlopers naar Zaandam en Purmerend een logische keus voor dit nooit door een spoorlijn ontsloten, maar inmiddels aardig volgebouwde gebied.

In Utrecht tenslotte, is de realisatie van een sneltramlijn naar de Uithof weer een stap dichterbij gekomen en daarmee ook de terugkeer van de tramverbinding met Zeist.

De introductie van regionale railnetten zal beslist niet ten koste van de traditionele tramnetten gaan. In tegendeel, in alle drie de grote steden liggen stapels uitbreidingsplannen, die voor een deel dicht bij verwezenlijking staan, zo niet reeds in uitvoering zijn.

Deze indrukwekkende lijst van railplannen moet beslist niet als een louter papieren exercitie worden gezien. Het is de plaatselijke zowel als de landelijke overheid er veel aan gelegen minstens een deel ervan nog voor de eeuwwisseling gerealiseerd te krijgen en gezien de tegenzin waarmee de huidige regering elders in eigen projekten investeert kan dit alleen maar betekenen dat iedereen er inmiddels van overtuigd is dat alleen ingrijpende maatregelen de Randstad op den duur mobiel kunnen houden.

Amsterdam

Na enkele jaren van uitsluitend plannen maken – de laatste verlenging, naar het nieuwe station Sloterdijk, dateert van 1985 - begint het er nu toch echt op te lijken dat de komende jaren in het teken van netuitbreidingen zullen komen te staan. Wellicht het meest illustratief is een opsomming van die uitbreidingen waarvan de openingsdata inmiddels redelijk vaststaan, al kunnen verrassingen natuurlijk niet helemaal worden uitgesloten:

* December1988 – Verlegging van lijn 4 bij het Station RAI naar de zuidkant van de Ringweg Zuid, dit in verband met de aanleg van de sneltramlijn naar Amstelveen.

Amsterdam. De uitbreiding van het tramnet is in volle gang. Spooraanleg in de Bos en Lommerweg (links) op het punt waar deze aftakt van de Admiraal de Ruyterweg. (Foto: Erik Swierstra)

* Najaar 1990 – Verlenging van lijn 9 van Watergraafsmeer naar Diemen Oost.
* Najaar 1989 – Veranderingen in West: verlegging van lijn 13 via de Jan Evertsenstraat, Jan Tooropstraat en Burgemeester Roëllstraat; doortrekking van lijn 7 naar het Bos en Lommerplein; verlegging van lijn 14 via de Bos en Lommerweg, Burgemeester de Vlugtlaan en Slotermeerlaan naar het eindpunt Sloterplas.
* Najaar 1990 – Vertramming van buslijn 15, Amstelstation – Haarlemmermeerstation – Station Sloterdijk.
* Najaar 1990 – Ingebruikneming van de reeds in 1985 aangelegde sporen door de Haarlemmerhouttuinen.
* Oktober 1990 – Ingebruikneming van de sneltramlijn C.S. – Amstelstation – Amstelveen Middenhoven; verlenging van lijn 5 van het Station Zuid naar Amstelveen Binnenhof.

Laten we deze indrukwekkende lijst eens wat nader bekijken. Voor alle trajekten geldt dat de financiering rond is en in de meeste gevallen is de daadwerkelijke uitvoering al ter hand genomen. De gepubliceerde openingsdata kunnen dan ook met een zeker vertrouwen tegemoet worden gezien. Niettemin is bij de Amstelveenlijn in nog geen jaar tijd een vertraging van ruim een jaar ingeslopen. Nog medio 1987 werd september 1989 als openingsdatum genoemd, een half jaar later was het al september 1990 voor een proefbedrijf en oktober voor de definitieve indienststelling. Dit heeft te maken met een wijziging van de plannen, waarbij lijn 5 via een nieuw te bouwen tunnel reeds ter hooge van de Leijenborghlaan op de sneltramlijn zal aansluiten, waardoor een meer dan tien jaar geleden door een slimmerd aangelegd tramtunneltje bij het Station Zuid alsnog ongebruikt blijft.

Indien de geplande openingsdatum voor de verlenging van lijn 9 doorgaat – en daar lijkt het vooralsnog op – betekent dit dat Diemen na vijftig jaar weer een tram krijgt, iets wat zeker op passende wijze zal worden gevierd. De vorige tram was natuurlijk de roemruchte ,,Gooische Moordenaar'' die op 15 oktober 1939 het veld moest ruimen.

Bij de verlenging in West is een saillant detail dat het door lijn 14 te berijden trajekt Burgemeester Roëllstraat-Sloterplas begin 1985 wegens overbodigheid werd opgeheven, nadat lijn 13 reeds enkele jaren eerder tot Geuzenveld was verlengd.

Amsterdam. Het oude eindpunt Sloterplas van lijn 13, waar binnenkort lijn 14 zal gaan eindigen. (Foto: Karel Hoorn)

Wat tenslotte de tramlijn door de Haarlemmer Houttuinen betreft, hiervoor schijnt nog steeds geen lijn te zijn gevonden die het trajekt moet gaan berijden. Niettemin is spoedige voltooiing gewenst, want het verschaft de tram een praktisch ,,vuurvaste'' omleidingsroute naar het C.S. voor het geval de Hoofdstad weer eens iets te manifesteren, te demonstreren of te vieren heeft.

Nu volgt een groep tramuitbreidingen waaraan binnen de gemeente en het vervoerbedrijf weliswaar hard wordt gewerkt, maar waarvoor de financiering nog geenszins rond is, zodat iedere speculatie wat betreft het jaar van indienststelling op dit moment natte-vingerwerk is. Het betreft:

* Verlenging van lijn 9 van Diemen Oost naar Diemen Zuid (Verrijn Stuart-weg), waar een gecombineerde Centrale Werkplaats voor de tram, sneltram en metro moet komen.
* Aanleg van een tramlijn parallel aan de spoorlijn tussen Station Zuid en het industrieterrein Sloterdijk (Contactweg), ten behoeve van een sneltramverbinding Sloterdijk-Bijlmermeer (Gein).
* Verlenging van lijn 16 onder de Schinkel door naar de nieuwbouwwijken Sloten en Middelveldsche Akerpolder.

De ring-sneltramlijn is in de eerste plaats bestemd voor het woon-werkverkeer en past ook verder prima in het concept voor regionale raillijnen dat elders in de Randstad wordt ontwikkeld. Zo kan hij dienen als aantakpunt voor andere sneltramlijnen in de regio die anders nooit een snelle en betaalbare route naar de binnenstad zullen kunnen vinden.

Dit probleem geldt nu al voor de verlenging van lijn 16 naar de Middelveldsche Akerpolder (kortweg MAP geheten). Ooit geafficheerd als sneltramlijn, blijkt dit alleen voor de lijnvoering van het nieuw aan te leggen trajekt te gelden, op zich niets nieuws want zo is de lijn naar Osdorp ook aangelegd. Wel bijzonder is dat de nieuwe lijn een tunnel onder de Schinkel in plaats van een brug erover krijgt, waardoor een voormalige begraafplaats, thans recreatiegebied(!?) kan worden gespaard. In de stad behoudt lijn 16 zijn bestaande route, dus inclusief de flessehals in de vorm van de Albert Cuypstraat. Om in de Vondelbuurt wat ruimte te scheppen zullen de lijnen 2 en 5 via de Stadhouderskade, Hobbemastraat en Paulus Potterstraat worden verlegd, dus ongeveer zoals het voor 1959 was (althans wat lijn 2 betreft).

Wie denkt dat de creativiteit hiermee is uitgeput vergist zich. Op de tekentafels liggen inmiddels nog veel meer plannen, die hoofdzakelijk draaien rond de aanleg van een tramtunnel onder het IJ naar Amsterdam Noord. Hoewel dit weinig bezochte deel van de Hoofdstad inmiddels meer dan 100.000 in-

Amsterdam. De definitieve kopvorm van het nieuwe trammaterieel. (Foto: Jan Jaap Carels)

woners heeft, ziet men deze tunnel toch als een onevenredige financiële belasting, tenzij het tramnet verder over de regio kan uitwaaieren, met Zaandam en Purmerend als voorlopige eindbestemmingen. (Ter vergelijking: Antwerpen graaft zonder blikken of blozen een tramtunnel onder de Schelde naar een stadsdeel dat nog geen kwart van het inwoneraantal van Amsterdam Noord heeft!) Andere uitbreidingsplannen betreffen voornamelijk het oostelijke stadsdeel, waar het voormalige havengebied een woonbestemming zal krijgen. Verder blijkt de doortrekking van de toekomstige tramlijn 15, vanaf het Amstelstation tot Watergraafsmeer, nog steeds aktueel te zijn.

Voor al deze uitbreidingen is materieel nodig en wat dat betreft zijn in 1988 enkele belangrijke beslissingen genomen. Op 21 juni werd een contract getekend met BN in Brugge voor de levering van 45 stadstrams. Twintig ervan worden tweerichtingmotorrijtuigen met de nummers 901-920. Deze zullen als eerste vanaf het najaar van 1989 worden geleverd. Een jaar later volgen de éénrichtingtrams, die in aansluiting op de bestaande series de nummers 817-841 zullen krijgen. De oudste gelede serie 851-887 kan dan worden afgevoerd, niet gek na 35 jaar trouwe dienst.

Het definitieve uiterlijk van de nieuwe trams is nog lang onzeker gebleven. In september 1987 verscheen een model van een kop dat nog veel weg had van de laatste Linke-Hofmannserie 780-816, maar toen bleek dat door de spitse constructie de instapruimte bij de bestuurder erg krap zou worden is rigoreus voor het bredere kopmodel van de Haagse serie 3000 gekozen. Andere opvallende vernieuwingen zijn het ontbreken van een achterdeur (in beide uitvoeringen), de verlaagde middenbak en de aandrijving op alle assen door acht draaistroommotoren. Na de 700-serie in Rotterdam wordt dit de tweede toepassing van draaistroomtractie in het Nederlandse railverkeer. Hoewel BN in Brugge de hoofdleverancier is, wordt de Nederlandse industrie uitgebreid bij de bouw betrokken. Zo komt een deel van de elektrische installatie van de firma Holec en worden de middenbakken geheel door de bekende busfabrikant Hainjé in Heerenveen vervaardigd. De enige onzekerheid die is overgebleven is de kleurstelling, al is het duidelijk dat ook in de Hoofdstad de gele periode zijn einde alweer nadert. De jongste berichten spreken over wit met grijs en rode deuren, maar of hiermee het laatste woord is gezegd?

Blijft nog het materieel voor de sneltramlijn naar Amstelveen, en wellicht voor de toekomstige sneltramlijn langs de Ringspoorbaan. Hiervoor zullen in eerste instantie 13 enkelgelede tweerichtingtrams worden aangeschaft. Omdat het weinig zin heeft voor een dergelijke miniserie weer een nieuwe leverancier aan te trekken, is gekozen voor een standaard BN-ontwerp, dat overigens in grote trekken overeenkomt met het Rotterdamse sneltrammaterieel. Alleen de koppen worden langer en spitser, analoog aan de nieuwe trams. Ook de tractie-installatie wordt gelijk aan die van de trams, dus met draaistroommotoren. Wel wordt de electronica aanzienlijk gecompliceerder, omdat tussen het Centraal Station en het Station Zuid op 750 volt met stroomtoevoer via derde rail en op het resterende trajekt op 600 volt via de bovenleiding wordt gereden. Uiteraard wordt een groot aantal beveiligingen ingebouwd om te voorkomen dat het voertuig zich in de metrotunnel als een tram gaat gedragen, of omgekeerd. Over de kleurstelling is inmiddels besloten dat deze met de nieuwe tram overeen zal gaan stemmen.

Terug naar het jaar 1988. Vergeleken met het voorgaande jaar is dit betrekkelijk rustig verlopen. De enige wijziging aan het lijnennet is de verlenging van lijn 17 van het Surinameplein naar het Osdorpplein geweest, op 11 september 1988. Slimmerds hadden onmiddellijk uitgerekend dat lijn 17 daarmee na 17 jaar weer in Osdorp was teruggekeerd, maar toch is de verlenging slechts van beperkt belang. In feite wordt de verkeersstroom tussen Osdorp en de binnenstad nu via twee routes geleid, wat een aantal reizigers een overstap op het Surinameplein zal besparen.

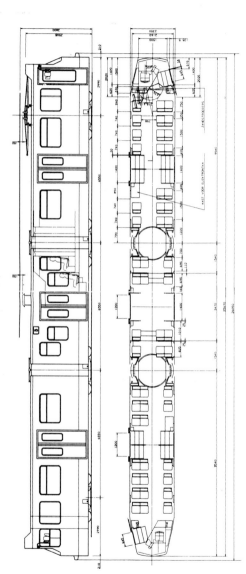

Amsterdam. Zo komen de tweerichtingmotorrijtuigen 901-920 eruit te zien. (Tekening: BN/GVBA)

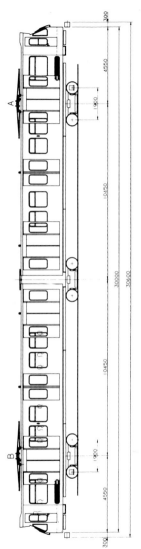

Amsterdam. Zo gaat het sneltrammaterieel voor de lijn naar Amstelveen eruit zien. (Tekening BN/GVBA)

Amsterdam. Het versierde motorrijtuig 467 op het Osdorpplein ter gelegenheid van de verlenging van lijn 17, op 11 september 1988. (Foto: Jan Jaap Carels)

Op materieelgebied is het gedurende het afgelopen jaar zeer rustig gebleven, de gebruikelijke aanrijdingen even buiten beschouwing gelaten. Het aantal thematrams is verder uitgebreid. Op 4 december 1987 werd de 691 als tweede „kunsttram" onthuld. De themabeschildering „Stromingen der Zee" laat weinig van het oorspronkelijke uiterlijk over en de vraag is wie, behalve de artiest, het echt geslaagd vindt.

Op 16 maart 1988 volgde de eerste „commerciële" thematram. De 796 werd vuurrood geschilderd met een wit dak, om op deze bescheiden wijze propaganda voor Zwitserland te maken. Pas later zijn de rode zijwanden met reclames voor Zwitserse bedrijven gevuld. Een tegelijkertijd aangekondigde Belgische thematram liet nog even op zich wachten, maar uiteindelijk verscheen op 28 november de 797 in lichtblauwe uitmonstering als „Ardenner Striptram". Op 24 maart werd de recreatietram 796 ingewijd. Deze is be-

Amsterdam. Het Osdorpplein enkele weken na de vorige foto. Het is alsof lijn 17 er nooit is weggeweest. (Foto: Erik Swierstra)

Amsterdam. ,,Zwitserlandtram" 796 op het Leidseplein. (Foto: Karel Hoorn)

Amsterdam Onthulling van „Recreatietram" 798 op de Dam op 24 maart 1988. (Foto: Karel Hoorn)

schilderd met gedetailleerde kaarten van de groengebieden rond de hoofdstad en kan als een van de best geslaagde in zijn genre worden beschouwd. De eerste puur commerciële thematram werd op 11 september ingewijd. Het was motorrijtuig 780 dat reclame maakt voor het margarinemerk Lätta. Aan het eind van het jaar volgden nog twee kunsttrams. De 629 vestigt de aandacht op de architectuur van de Amsterdamse School en de 619 herdenkt de groep „Cobra". Ook de „gewone" trams worden allengs kleurrijker doordat ze bij schilderbeurten van rode deuren worden voorzien. Inmiddels heeft ook de eerste thematram zijn beschildering weer verloren (met uitzondering dan van de „Olympische" 795, die overigens wel blauw is gebleven). Omdat geen politiepersoneel meer mocht worden geworven, is de „Politietram" 812 in september 1988 weer geel geschilderd, nadat het voertuig in de maanden daarvoor nauwelijks op straat was verschenen.

Voor andere wijzigingen binnen het wagenpark moet het oog op het werkmaterieel worden gericht. Op 22 januari arriveerde het twee-assige motorrijtuig 206 uit Graz. Deze moet rangeerwagen aan de Centrale Werkplaats worden als opvolger van de H1 (ex-321) die een museumbestemming krijgt. Als tegenprestatie ging het drie-assige motorrijtuig 916 van Amsterdam naar Graz. Eén op de acht trams in Amsterdam is werkwagen, wat rijkelijk veel is. Met

name het aantal van 19 pekelwagens overtreft veruit de behoefte. Na de winter van 1987/1988 zijn 7 stuks buiten dienst gesteld en een half jaar later naar de busgarage Oost overgebracht, samen met twee drie-assige tramstellen en een twee-assige bijwagen. Ook de railreiniger H56 zal waarschijnlijk niet meer in dienst komen. Hij kan nog wel rijden, maar niet meer zuigen, wat ook niet meer nodig is nu twee nieuwe zuigauto's zijn aangeschaft.
Tenslotte moet de ingebruikneming van het „Dynamisch Passagiers Informatie Systeem" aan het Centraal Station op 27 april 1988 worden vermeld. Door middel van enorme borden en een geluidsinstallatie wordt de passagier geïnformeerd van welk spoor en hoe laat de volgende tram van de lijn van zijn keuze zal vertrekken, waarbij het principe van een vaste lijnverdeling over de sporen is verlaten, zodat deze efficiënter kunnen worden benut. Helaas kampt dit systeem, dat door Philips als „pilot project" is uitgezet, met nogal wat kinderziekten.

Amsterdam. Drie-assig motorrijtuig 922 op een dieplader en pekelwagen H42 op eigen kracht tijdens de overtocht naar busgarage Oost in de nacht van 20 op 21 juli 1988. (Foto: Peter van Munster)

Amsterdam. De eerste puur commerciële thematram 780 tijdens zijn inaugurele rit op 11 september 1988. (Foto: Karel Hoorn)

Amsterdam. De „Touristtram" nieuwe stijl ingetuigd als lijn 27 in de Reguliersbreestraat.

Duisburg. Nog een laatste proefritje alvorens motorrijtuig 1208 wordt opgeladen om in Amsterdam een nieuwe carrière als „partytram" te beginnen. (Foto: Frits van der Gragt)

Toeristische en museumaktiviteiten

Nadat, om de belangstelling wat op te vijzelen, sinds medio augustus 1987 de „Toeristentram" gedeeltelijk met twee-assig materieel in plaats van gelede thematrams werd geëxploiteerd, werd voor 1988 besloten de toeristische rondritten geheel met historisch materieel uit te voeren en bovendien het vertrek- en aankomstpunt weer van het Centraal Station naar de Dam te verleggen. Met twee tramstellen werd een drie-kwartierdienst uitgevoerd, waarvoor de motorrijtuigen 465, 467 en 468 en de aanhangrijtuigen 721, 748 en 807 beschikbaar waren. Motorrijtuig 236 werd tijdens de exploitatie-uren tegenover de Nieuwe kerk opgesteld als kaartverkoopruimte en aandachttrekker. Informeel heeft de „Touristtram" nu ook een lijnnummer gekregen.

Alle trams zijn als lijn 27 ingetuigd. Al enige tijd gingen er geruchten dat het vervoerbedrijf zijn zinnen had gezet op een „partytram", met spijs en drank aan boord. Aangezien uit het eigen wagenpark geen geschikt voertuig kon worden gemist, gingen behulpzame trambelangstellenden in het buitenland op zoek. Het min of meer te verwachten resultaat is dat er nu twee partytrams komen. Eind augustus vertrok motorrijtuig 282 uit Kassel naar de Hoofdstad, begin december gevolgd door de uit twee-assers verbouwde gelede tram 1208 uit Duisburg.

Amsterdam. De toekomstige „partytram" 282 tijdens een van zijn eerste uitjes op 11 september 1988 in de Havenstraat. (Foto: Karel Hoorn)

Amsterdam. Op 10 december 1988 reed een tram met dubbele aanhang door de stad die kennelijk het daglicht niet kon verdragen. (Foto: Erik Swierstra)

Amsterdam. Aanhangrijtuig 7728 arriveerde eind 1987 uit Wenen als voorlopig laatste buitenlandse aanwinst voor de museumlijn.

De aangevoerde reden voor deze dubbele aanschaf is dat het Kasselse motorrijtuig linksom en het Duisburgse rechtsom schakelt, zodat „Haags" en „Amsterdams" opgeleide (amateur)-bestuurders beide op een partytram kunnen worden ingezet.

Wat betreft het grootschalig inzetten van historische en buitenlandse trams op het stadsnet is 1988 aanzienlijk minder spectaculair uitgevallen dan het voorgaande jaar. Bovendien vielen er slechts enkele nieuwe aanwinsten te bewonderen. Tot de evenementen die niettemin moeten worden vermeld behoren het „Museumweekend" op 9 en 10 april 1988, de „Uitmarkt" op 27 en 28 augustus en de doortrekking van lijn 17 op 11 september. Bij dit laatste gebeuren reed het Rotterdamse Allan-motorrijtuig 130 voor het eerst in Amsterdam. Een interessante, zij het niet geheel unieke, gebeurtenis was verder de inzet van een Amsterdamse tram met dubbele aanhang ter gelegenheid van het twintigjarig bestaan van de Amsterdamse Raad voor Verkeer op 22 juni 1988 en later nog eens voor een intern feestje van trambelangstellenden.

De museumtramlijn is kennelijk een fase van herbezinning ingegaan. Nadat tien jaar lang een eindeloze stroom buitenlandse trams aan de Karperweg werd afgeladen, is hier eind 1987 vrij abrupt een punt achter gezet. De toekomstige partytrams even buiten beschouwing gelaten, was de laatste aanwinst van over de grens het Weense aanhangrijtuig 7228 dat op 8 oktober 1987 arriveerde. Sindsdien is het materieelbestand zelfs afgenomen, overigens zonder dat dit aanleiding tot tranen hoeft te geven. Het Kasselse aanhangrijtuig 519 vertrok in november 1987 naar Nijmegen om daar eventueel in de verre toekomst als museumtram te gaan rijden. Aanhangrijtuig 42 van de Wiener Lokalbahn is naar het Spoorwegmuseum gegaan, om daar te zijner tijd achter een „sik" rondjes te gaan rijden, en RET-aanhangrijtuig 1040 vertrok in januari 1988 weer naar zijn geboortestad ten behoeve van de toeristische stoomtram. Tenslotte is ook HTM-aanhangrijtuig 780 naar zijn plaats van herkomst teruggekeerd.

Daartegenover staat een plotselinge en hartverwarmende belangstelling voor het Amsterdamse trambezit. Op 14 oktober 1987 ging de volkomen verkommerde „stoeltjes"-wagen naar RMO-Werkspoor, die er weer een rijvaardige tram van zal trachten te maken. Nog ambitieuzer is het plan om een „Union" te reconstrueren op basis van de als tuinhuisje teruggevonden 72. Gezien de omvang van dit projekt zijn de vorderingen nu reeds spectaculair te noemen. Een reeds lang gekoesterde wens om ook een Amsterdamse open bijwagen te bezitten kan alleen maar door volledige nieuwbouw worden vervuld. Ook hieraan wordt inmiddels hard gewerkt. Het nummer ligt al vast, aangezien een verzamelende ex-hoogleraar over een complete set bordjes van de voormalige 595 beschikte.

Amsterdam. „Stoeltjeswagen" 307 hangt in de takels bij RMO Werkspoor.
(Foto: Erik Swierstra)

Amsterdam. De gerestaureerde drie-asser 533 kwam voor het eerst in actie
ter gelegenheid van het 75-jarig jubileum van lijn 17 op 11 september 1988.
(Foto: Erik Swierstra)

Ook met het bestand aan „blauwe wagens" is van alles aan de hand. Motorrijtuig 454 wordt momenteel terugverbouwd in de originele staat, als tweerichtingwagen met korte balkons. Een nog ingrijpender reconstructie staat motorrijtuig 470 te wachten. Deze wordt terugverbouwd tot aanhangrijtuig 916. Intussen is ook nog het enige in originele toestand verkerende drie-assige motorrijtuig 533 (laatstelijk 933) geheel gerestaureerd. Als zodanig gaf het voor het eerst acte de présence op 11 september 1988 bij de verlenging van lijn 17 naar Osdorp.

Dan blijft nog de verlenging van de museumlijn naar Bovenkerk, waarvoor op 27 april 1988 officieel toestemming werd verkregen. Aan het nieuwe eindpunt komt een keerdriehoek om ook éénrichtingtrams te kunnen inzetten. Voor het zover is moet echter eerst nog heel wat werk worden verzet (om over geld maar niet eens te spreken) en er is dan ook nog niet veel zicht op de datum waarop deze verlenging in dienst kan worden gesteld. Wellicht tegelijkertijd met die andere tramlijn naar Amstelveen?

Rotterdam

Evenals in Amsterdam, gonst het ook in Rotterdam van de plannen om op middellange termijn het railnet flink uit te breiden. In de inleiding is het plan Randstad-Rail voor een regionaal sneltramnet reeds genoemd, maar ook het klassieke stadstramnet zal, als alles meezit, nog de nodige uitbreidingen ondergaan. Het meest interessante projekt hierbij is wel het herstel van de tramverbinding tussen de twee Maasoevers over een nieuw te bouwen brug ter hoogte van de huidige metrotunnel. Dit heeft te maken met een ontwikkelingsplan voor het oude havengebied „Kop van Zuid" tot een satelliet van de binnenstad met daarnaast uitgebreide woonaccommodatie. Ook weer actueel is een oeroud plan om (ditmaal) lijn 7 te verlengen naar het station Rotterdam-Alexander. Tenslotte zou lijn 5 een aftakking moeten krijgen naar Reysendaal en Overschie.

In dit licht is het merkwaardig dat van enkele uitgewerkte en ook financieel afgeronde plannen nauwelijks meer iets wordt vernomen. Dat betreft ten eerste de verlenging van lijn 9 naar de Pelgrimsstraat die voor 1988 was aangekondigd. Niet bepaald stil, maar wel vastgelopen is verder de situatie rond de sneltramlijn naar Capelle aan de IJssel. Hier zitten de belanghebbenden (of schijnbelanghebbenden) elkaar in de haren alsof er van de Sneltram Utrecht niets te leren viel. Daarbovenop komen dan nog de activiteiten van het Verenigd Streekvervoer Westnederland dat weinig nalaat om de verwarring verder te vergroten, omdat het enkele van zijn meest lucratieve lijnen naar de RET dreigt te zien verdwijnen.

Dit betekent overigens niet dat er op het gebied van de infrastructuur in het afgelopen jaar niets zou zijn gebeurd. Voor twee belangrijke knelpunten werd een oplossing gevonden. Sinds 30 november 1987 is door een veranderde verkeerslichtenbeïnvloeding de doorstroming via het Hofplein sterk verbeterd en rond dezelfde tijd werd ook het „muizegaatje" aanzienlijk verruimd. Met dit laatste wordt het lage en nauwe spoorwegviaduct bij het station Noord bedoeld.

Ook de aanleg van een spoorwegtunnel richting Dordrecht, in plaats van het huidige viaduct, begint bovengrondse gevolgen met zich mee te brengen. In november 1987 werden de sporen van lijn 3 en 5 bij het viaduct Schiekade naar het oosten verlegd. Omdat onder het viaduct niet genoeg ruimte was is hier strengelspoor aangelegd, wat op 29 juni 1988 tot een frontale botsing aanleiding gaf, gelukkig zonder persoonlijke ongelukken.

In de nabije toekomst zal de tunnelaanleg nog tot veel meer netwijzigingen aanleiding geven. Zo zullen de lijnen 1 en 7 de Goudsesingel en Pompenburg tijdelijk moeten verlaten. Ze worden dan via de Blaak omgeleid. Verder gaan de westelijke takken van lijn 4 en 6 van route verwisselen, waarbij lijn 6 naar Schiedam en lijn 4 naar Spangen zal rijden. Deze laatste wijziging krijgt waarschijnlijk in 1989 reeds zijn beslag.

Op materieelgebied blijven de ontwikkelingen bij de Rotterdamse tram interessant. Uiteindelijk heeft het bedrijf op dit punt sinds de komst van de vooroorlogse vierassers al een reputatie te verdedigen. Betrekkelijk abrupt is besloten het renovatieprojekt, waarbij uit de bruine DUEWAG-trams van de series 300 en 350 nieuwe gele 800- en ontstonden, na vijftig stuks te beëindigen. Als voorlopig laatste ging op 6 januari 1988 de 386 naar de sloper om organen af te staan aan de 850 die op 10 mei werd afgeleverd. Deze kreeg als eerste Rotterdamse tram stoelen van het comfortabele en toch vandaalbestendige „Vorderegger"-type.

Op dat moment was al duidelijk geworden waarop de RET zijn zinnen had gezet, de lage vloertram! Met de van dit bedrijf bekende, bijna vervaarlijke voortvarendheid werd geprobeerd een exemplaar uit Grenoble naar de Maasstad te krijgen. Vlassend op exportorders verleende de leverancier, Alsthom-Francorail, maar al te graag zijn medewerking. Toch ging een eerste poging in het begin van april niet door, omdat Grenoble zijn tram niet kon missen. Uiteindelijk werd overeenstemming bereikt om de proefritten tijdens de Franse vakantieperiode te laten plaatsvinden. Op 11 juli 1988 arriveerde het nieuwste motorrijtuig, de 2020, in de Maasstad, waar al maanden eerder lijn 2 aan de iets ruimere profielmaten was aangepast. Op 23 juli 1988 ging de tram voor het publiek rijden en dit heeft geduurd tot 19 augustus. In die periode heeft de 2020 in Rotterdam 5700 km afgelegd.

Rotterdam. Het nauwe en vooral lage „muizegaatje" bij het Noordstation werd in 1987 aanzienlijk verruimd.

Rotterdam. Strengelspoor onder het viaduct Schiekade in verband met de aanleg van de spoorwegtunnel.

Rotterdam. De tram uit Grenoble naast een collega uit de Maasstad aan het eindpunt Charlois. (Foto: Bas Schenk)

Rotterdam. Op de laatste dag, 19 augustus, was het motorrijtuig uit Grenoble met bloemen versierd. Achter de voorruit prijkt een bord met de tekst: „Adieu mon amour et merci". (Foto: F.C.G. Huizer)

Zowel het rijdend personeel als de reizigers hebben zeer positief, zo niet enthousiast op de lage-vloertram gereageerd. Dit betrof bijna alle aspecten: het bedieningscomfort, de rijeigenschappen (ondanks het feit dat er heel wat sneller werd gereden dan in Grenoble; iedere bestuurder wilde wel eens proberen wat erin zat!), de inwendige en uitwendige vormgeving en uiteraard de lage instap. Hele scharen gehandicapten schijnen de kans te hebben waargenomen weer eens met de tram te kunnen rijden, maar ook anderen bleken dit gemak zeer te kunnen waarderen, met als direct resultaat dat veel sneller werd in- en uitgestapt.

Een andere geste die buitengewoon op prijs werd gesteld was dat de RET liefst twee lopende conducteurs op de tram had ingezet. Dit was echter pure noodzaak omdat geen stempelautomaten waren aangebracht en kaartverkoop door de bestuurder praktisch niet mogelijk was. Bovendien konden potentiële viltstiftartiesten op die manier in de gaten worden gehouden. Dit brengt ons op de nadelen van het ontwerp, want die zijn er natuurlijk ook. Naast de onmogelijkheid om bij de bestuurder in te stappen, zijn dit met name het enorme gewicht van de tram (44,6 ton tegenover 28 ton voor een Rotterdamse 700!) en de niet geringe prijs.

Het is nog te vroeg om nu reeds te kunnen vaststellen wat met de opgedane ervaringen zal worden gedaan, maar dat er ook in Rotterdam lage-vloertrams zullen verschijnen lijkt nu reeds meer dan waarschijnlijk. De vraag is alleen of deze, als vervolg op de 800-serie, op basis van bestaande draaistellen zullen worden gebouwd of dat voor een geheel nieuw ontwerp zal worden gekozen.

Toch heeft de komst van de tram uit Grenoble voor de leverancier al direkt positief resultaat opgeleverd. Een bezoek van een vertegenwoordiging van het Parijse vervoerbedrijf aan de Maasstad leverde onmiddellijk een bestelling van 16 lage-vloertrams op ten behoeve van de lijn Bobigny-Saint Denis, waarmee de verwezenlijking van dit schijnbaar vastgelopen projekt nu toch op redelijk korte termijn is verzekerd.

Van de oudere DUEWAG-trams zijn thans van de serie 350 nog negen stuks rijvaardig en van de 300-serie alleen de Van-Nelle-tram 319. Er gaan berichten dat de RET deze laatste wil verbouwen tot een party-tram, waarbij in ieder geval het merk koffie dat zal worden geserveerd vaststaat. Van zijn collega's sneuvelde de weer tot enkelgelede tram ingekorte 315 als laatste op 14 oktober 1987. Op 3 oktober was er nog een afscheidsrit mee gereden, waarbij

Rotterdam. ,,Van Nelle''-tram 319 wordt misschien de toekomstige ,,party-tram'' in de Maasstad.

Breda. Lokomotief „Ooievaar" tijdens zijn eerste uitje op de industriespore n in het noorden van de stad.

het motorrijtuig, bijna traditiegetrouw, zijn oorspronkelijke nummer 265 nog even had teruggekregen. Evenals dat vroeger met oudere of impopulaire series gebeurde, zijn de 350-ers tijdens de afgelopen zomerdienst niet meer ingezet.

Aan de misère met de 700-serie lijkt tenslotte een einde te zijn gekomen. Op 22 december 1987 maakte de 701 een officiële proefrit met alle door professor Frederichs voorgestelde draaistelwijzigingen. Hiertoe behoren niet alleen het vastzetten van de gewraakte bestuurbare assen, maar ook het aanbrengen van horizontale schokbrekers, een verbeterde motorophanging en wielflenssmering. Vanaf het begin van 1988 worden deze wijzigingen bij de rest van de serie in een tempo van twee stuks per maand ingevoerd, waarmee de ellende eind 1989 tot het verleden kan behoren.

Museumactiviteiten

Op het gebied van historische tramexploitatie scoorde Rotterdam dit jaar een wereldprimeur: een geregelde stadsstoomtramdienst!

Toen de HTM-lokomotief „Ooievaar" na 14 jaar restauratie op 18 december 1987 als nieuw door de Stichting Brabant Rail aan de directie van de Machinefabriek Breda kon worden overgedragen, werd er reeds gespeculeerd over toekomstige activiteiten, maar dat deze zo snel hun beslag zouden krijgen konden weinigen toen vermoeden. Nog geen maand later bleek echter dat een overeenkomst met de RET was aangegaan voor de exploitatie van een historische stoomtramdienst gedurende voorlopig vijf zomers. Er zou een ringlijn tussen het Centraal Station en het Willemsplein worden bereden, waarvoor de RET een (niet noodzakelijkerwijs geëlektrificeerd) verbindingsspoor tussen het Willemsplein en de Leuvehaven zou aanleggen. Dit laatste is nog steeds niet gebeurd, maar voor het overige is er bijzonder voortvarend aangepakt. Op 31 maart 1987 arriveerde de lokomotief in de remise Hilledijk om de wielbanden op tramprofiel te laten slijpen. Daarna konden op 8 april de eerste proefritten worden gemaakt. Vervolgens vertrok de „Ooievaar" op 11 april naar de Kleiweg. Inmiddels was er ook een tram geformeerd. Hoewel de Stichting Brabant Rail twee originele stoomtramrijtuigen (van de Stoomtram Breskens Maldeghem en de Stoomtramweg Oostelijk Groningen) in restauratie heeft, was er geen kijk op dat deze op tijd klaar zouden zijn. Er werd dan ook besloten het Allan-aanhangrijtuig 1040 van de museumtramlijn in Amsterdam terug te halen en zoutwagen 545 zolang van de TS te lenen. Met behulp van veel groene verf werd deze combinatie een stoomtramuiterlijk gegeven. De noodzakelijk geachte luchtrem ontving de 1040 zolang van de metro.

Na een proefexploitatie zonder passagiers op 26 juni en een officiële openingsrit op 28 juni ging de stoomtram op 1 juli voor het publiek rijden en heeft dat dagelijks, behalve op maandag, volgehouden tot eind augustus. Toegegeven, het ging zeker in het begin niet altijf van een leien dakje en enkele malen moest vierasser 535 het gestrande stel zelfs voortijdig naar de remise slepen. In het algemeen verliep alles echter probleemloos en het was opvallend hoe vlot de 84-jarige in het moderne (snel?)verkeer kon meekomen. Dankzij het middenbalkon verschafte het 45 jaar jongere aanhangrijtuig minstens de helft van de passagiers een ongehinderd uitzicht op de lokomotief, wat duidelijk werd gewaardeerd. Al met al verdient dit toch wat gedurfde initiatief de hoogste waardering, waarin de Stichting Brabant Rail en de Rotterdamse Elektrische Tram gelijkelijk delen.

Niet onverstandig in het licht van het bovenstaande, stonden andere aktiviteiten met historische trams in 1988 op een wat lager pitje. Niettemin maakte VVV-tram 523 van 1 april tot 30 september weer dagelijks zijn rondjes, ter-

Rotterdam. In het begin ging het een paar keer mis met de stoomtram. Motorrijtuig 535 sleept het gestrande stel terug naar de remise Kralingen.

Rotterdam. Contrast in de tijd. De „paalwoningen" van Piet Blom vormen een wel heel bijzonder décor voor een stoomtram. (Foto: Bas Schenk)

Rotterdam. Op zijn route ontmoette de stoomtram regelmatig de VVV-tram 523.

Rotterdam. De in Zuid gestationeerde vierasser 2512 kwam op 13 februari 1988 in actie als carnavalstram voor de „Keilebijters". (Foto: John Krijgsman)

wijl de zondagse ritten van de Tramweg Stichting uit concurrentie-overwegingen naar september waren verzet. In diezelfde maand reed ook de 504 weer als Heineken Jazztram. Vierasser 515 kreeg een opknapbeurt en fungeert nu als informatie- en promotietram.

Den Haag

Als alles meezit zal in Den Haag de enige Nederlandse tramuitbreiding van het jaar 1988 worden gerealiseerd. Op 1 december is volgens plan de verlenging van lijn 6 naar het sportcentrum De Uithof in gebruik genomen. Dit was ruim een half jaar later dan verwacht, omdat de rijksoverheid naar de mening van het gemeentebestuur te weinig subsidie verleende. Het betreft overigens een afstand van slechts 500 meter, want over de geplande remiseroute tussen De Uithof en Berenstein wordt weinig meer gehoord. Als volgend projekt zal de verlenging van lijn 3 naar Leidschendam nu ter hand worden genomen, waarvoor inmiddels ƒ 25 miljoen rijkssubsidie is toegezegd. Voorlopig wordt 1991 als jaar van indienststelling genoemd. Overigens schijnt Den Haag op het gebied van het plannen maken Amsterdam naar de kroon te willen gaan steken en met de realisatie ervan lijkt de rest van deze eeuw aardig gevuld.

Afgezien van de reeds in de inleiding genoemde regionale sneltramverbindingen met Delft, Rotterdam en Zoetermeer, zijn ook binnen het stadsgebied diverse uitbreidingen gepland, die samen de projektnaam „Hovstad" („Haalbaarheidsonderzoek Openbaar Vervoerprojecten Stedelijke Agglomeratie Den Haag") hebben gekregen. Ambtelijk is inmiddels heel wat werk verzet en het onderzoekstadium kan als afgerond worden beschouwd.

Naast een herstructurering van het bestaande lijnennet en maatregelen ter verbetering van de doorstroming en regelmaat van het tramverkeer gaat het om de aanleg van de volgende nieuwe trajekten:

- Aansluiting van het Congresgebouw in Scheveningen op het tramnet door verbindingssporen aan te leggen tussen de bestaande routes van de tramlijnen 7/8 en 10. Door de eindpunten van de lijnen 7 en 10 onderling te verwisselen kunnen beide in tegengestelde richting via het Congresgebouw gaan rijden.
- Een tramlijn naar de wijk Steenvoorde in Rijswijk. Deze moet bij het Erasmusplein aftakken van de huidige lijn 12. De nieuwe route zal worden bereden door de weer tot leven te wekken lijn 16, waarbij lijn 12 waarschijnlijk aan het Centraal Station gaat eindigen.

Den Haag. Motorrijtuig op de verlenging naar De Uithof, vlak bij het nieuwe eindpunt. De ballast moet nog in de baan worden gestort.

Den Haag. Op deze plaats zou de nieuwe tramtunnel onder het emplacement Hollands Spoor moeten komen. (Foto: Karel Hoorn)

- Aansluiting van de wijk Benoordenhout op het tramnet via een aftakking bij de Koekamp. Dit wordt de andere tak van lijn 16.
- Een tramtunnel onder het emplacement Hollands Spoor, dat in de plaats moet komen van het lage en nauwe viaduct in de Rijswijkseweg, met als extra voordeel een direktere verbinding van Spoorwijk en het Laakkwartier met de binnenstad. De lijnen 1, 10 en 16 gaan hiervan profiteren.
- Omlegging van lijn 1 naar Delft via het industrieterrein Plaspoelpolder. Hierover is in de inleiding van dit hoofdstuk al iets geschreven.
- Een tramlijn naar de zogenaamde Schenkstrook, het gebied tussen Bezuidenhout en de spoorlijn naar Leiden dat een kantorencentrum moet gaan worden. Deze lijn moet bij de halte Ternoot van het tramviaduct gaan aftakken. Nog onduidelijk is welke lijn hier zal gaan rijden. Logische candidaten zijn 2, 3, 6 of 7.

Kennelijk ongehinderd door eerdere ervaringen verwacht de werkgroep met groot optimisme dat al deze uitbreidingen eind 1994 kunnen zijn uitgevoerd. In de praktijk zal dit wel anders uitpakken. Met name het feit dat het Haagse stadsgebied zich over meerdere gemeenten uitstrekt is al vaak een complicerende factor gebleken. Zo heeft de gemeente Rijswijk nu al laten weten niets te voelen voor de omlegging van lijn 1 via de Plaspoelpolder.
In het kader van het Hovstad-projekt is ook de lijnstructuur bekeken. De belangrijkste conclusie hierbij is dat het in de jaren zeventig met zoveel enthousiasme ingevoerde systeem van twee lijnen per tak (weinig overstappen!) waarschijnlijk weer zal worden opgegeven ten gunste van een betere regelmaat.

Met uitzondering van de verlenging van de lijn 6 is er verder aan de infrastructuur van het Haagse tramnet het laatste jaar weinig veranderd of het moest de nieuwe keerlus van lijn 10 bij het Station Voorburg zijn, die op 27 november 1987 in gebruik werd genomen.
Ook op materieelgebied is er voor de nabije toekomst weinig schokkends te verwachten. Den Haag is zielstevreden met zijn dubbelgelede trams en er is weinig reden om aan te nemen dat de vervolgserie die vanaf 1991 de huidige PCC-vloot moet gaan vervangen veel van de huidige 3000-en zal afwijken. Ook voor het lage-vloeridee is de HTM nog niet warmgelopen al is het wel onderwerp van discussie geweest.
De sloop van PCC-cars lijkt tijdelijk op een wat lager pitje te zijn gezet. In 1988 sneuvelden nog slechts de 1116 en 1336, terwijl de 1181 en 1315 tot ge-

Den Haag. In december 1988 werden toch weer een aantal PCC-cars afgevoerd. In 's Gravenmade wachten drie 1300-en en een 2100 op de sloper. (Foto: Karel Hoorn)

combineerde pekel- en instructiewagens worden verbouwd. De 1337 schijnt al als museumwagen te zijn voorbestemd.

Een nieuwtje op exploitatiegebied was de inrichting van een „Strandexpres" tijdens de zomermaanden. Met vier motorrijtuigen werd een kwartierdienst tussen het Centraal Station en het Noorderstrand via de route van de lijnen 1 en 9 gereden, waarbij onderweg slechts aan enkele haltes werd gestopt. Hoofddoel was de parkeerproblemen in Scheveningen tijdens dagen met „strandweer" te lijf te gaan. Er werden dan ook gekombineerde kaartjes verkocht die ook recht gaven op een parkeerplaats bij het CS. Van het idee om de strandexpress het lijnnummer 19 te geven is niets gekomen; wel droegen de trams een soort spandoek onder de voorruit.

Museumaktiviteiten

De gelegenheden waarbij historisch trammaterieel voor het publiek wordt ingezet volgen al enkele jaren een min of meer vast patroon. Het meest in het oog springend zijn de zomerritten die op een aantal zondagen, en ditmaal ook zaterdagen in juli en augustus, tussen het Kerkplein en Scheveningen worden uitgevoerd. Verder waren er in 1988 ritten in verband met de jaarmarkt (2e Paasdag), Koninginnedag (30 april), de jaarlijkse open dag in de remise Frans

Den Haag. Motorrijtuig 3061 als „Strandexpres" onderweg op de Haringkade. (Foto: Karel Hoorn)

Den Haag. Interieur van de remise Frans Halsstraat met motorrijtuig 164, tijdens een van de open dagen.

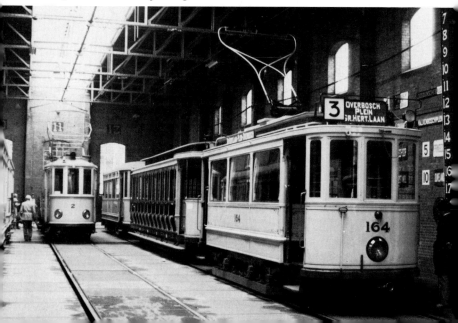

Halsstraat (3 juli) en de Open Monumentendag op 17 september.

Na motorrijtuig 826 is nu ook aanhangrijtuig 780 van de Amsterdamse Museumlijn naar de Residentie teruggekeerd. Het zal na een grondige opknapbeurt achter motorrijtuig 215 dienst gaan doen.

Sneltram Utrecht

Eind 1988 bestaat de Sneltram Utrecht vijf jaar, wat als aanleiding is aangegrepen om in oktober een aantal manifestaties te houden. Hoogtepunt hierbij was de eerste inzet van een museumtram op de lijn. Bij een bovenleidingspanning van 750 volt is er wat dat betreft niet zoveel keuze. In feite kwamen alleen het bij de Amsterdamse Museumtramlijn aanwezige Wiener Lokalbahnmaterieel (850 volt) of de Haagse ,,buitenlijner'' 58 van de Amsterdamse museumtramlijn (600 V/1200 V) in aanmerking. (Collega 57, die zich in Den Haag bevindt, is alleen nog geschikt voor 600 volt.) Het is uiteindelijk de Haagse 58 geworden, die van 16 tot 23 oktober 1988 onder grote belangstelling ritten tussen Utrecht en Nieuwegein Zuid heeft gemaakt. Voor de rest valt er over de Sneltram Utrecht weinig te vertellen, want een eventuele verlenging naar De Uithof is nog steeds het onderwerp van heftige politieke strijd.

Het aantal vervoerde reizigers bedraagt thans 17.500 per dag, 5 procent meer dan oorspronkelijk werd gepland. In de ochtendspits rijden er 24 trams.

Nieuwegein. Zestig jaar verschil in leeftijd is er tussen de Haagse buitenlijner 58 en motorrijtuig 5012. Deze ontmoeting kwam tot stand tijdens de ritten ter gelegenheid van het vijfjarig bestaan van de Sneltram Utrecht. (Foto: Karel Hoorn)

België

Het gaat niet goed met het openbaar vervoer in België. De voornamelijk door persoonlijke ambities gedreven minister van verkeer De Croo heeft in zijn poging de tramlijn onder de Kleine Ring in Brussel nog vóór de voor zijn partij zo belangrijke gemeenteraadsverkiezingen in een echte metro om te zetten de investeringsbudgetten voor 1988 en wellicht ook de komende jaren voor heel België opgesoupeerd. Helaas voor hem sneuvelde zijn regering voortijdig en zijn opvolger De Haene zit nu met een lege kas. Van de Belgische grote steden wordt Antwerpen hierdoor het zwaarst getroffen, omdat vele kilometers tunnel die inmiddels praktisch gereed zijn tot aan de volgende eeuw hoogstens als champignonkwekerij hun nut kunnen bewijzen. Ook aan de dringende wens van de Scheldestad om meer en vooral grotere trams aan te mogen schaffen zal voorlopig wel geen gevolg worden gegeven. Eerder nog zal de huidige op leeftijd rakende PCC-vloot in eigen beheer moeten worden gerenoveerd.

Evenmin is er veel kans dat de al jaren geleden gereedgekomen stadslijnen van Charleroi op korte termijn in dienst zullen worden gesteld, maar daar is men inmiddels aan het wachten gewend. En dan zijn er nog de kleinere projekten, zoals het doortrekken van de Kustlijn naar Adinkerke en van de Gentse lijn 1 naar Evergem, waarvan de spoedige verwezenlijking in ieder jaarverslag opnieuw met fris optimisme wordt aangekondigd, zonder dat er iets gebeurt.

Het is niet onverwacht dat in een dergelijke sfeer de geruchten machine op volle toeren draait en het op schrift zetten van voorspellingen een hachelijke onderneming wordt. Dit is in het verleden menigmaal gebleken. Niettemin is van harte te hopen dat de besluitvorming ten aanzien van het openbaar vervoer, die jaren lang voornamelijk in het teken van incompetentie, hobbyisme en persoonlijk prestige heeft gestaan, zich in de toekomst weer op zijn primaire taak gaat richten, dienstverlening aan het reizend publiek.

Antwerpen
Op 3 september 1987 kon een trotse minister in hoog gezelschap de eerst gereedgekomen tunnelbuis van de tramlijn onder de Schelde plechtig „inwan-

Antwerpen. In tegenstelling tot eerdere berichten zal de tram bij de Schijnpoort voorlopig nog wel bovengronds blijven rijden.

delen" en op 19 oktober werd begonnen met het boren van de tweede. Spoedig daarna volgde echter de domper. Bij stukjes en beetje werden de kredieten verminderd, met als triest gevolg dat er geen geld voor de afbouw van de tunnels kan worden vrijgemaakt en de data waarop ondergrondse trajekten in dienst zullen worden gesteld opnieuw op losse schroeven zijn komen te staan. Niettemin wordt voor de Scheldetunnel en het trajekt Koningin Astridplein-Schijnpoort van lijn 12 nog steeds het jaar 1989 genoemd, maar de ingebruikneming van de tunnels ten behoeve van de oostwest verbinding (thans bereden door de lijnen 3, 10 en 24), hoewel grotendeels in ruwbouw gereed, is al tot rond het jaar 2000 uitgesteld.

Zoals reeds eerder vermeld, moeten de tunnels de ruggegraat gaan vormen voor een interlokaal railnet dat men hoopt te kunnen gaan aanleggen nadat op 1 januari 1989 de regionale opdeling van de Nationale Maatschappij van Buurtspoorwegen (NMVB) een feit is geworden.

Ergens is inmiddels ook besloten dat dit regionale railnet normaalsporig moet worden (de stadstram heeft meterspoor) en dat in dit verband hiermee de Scheldetunnel alvast van een derde rail zal worden voorzien. Dit nu lijkt nauwelijks zinvol, laat staan kostenbesparend, temeer omdat in Henegouwen en bij de Kustlijn ruim voldoende overtollig materieel aanwezig is om een flink

Antwerpen. Tijdens de omleiding van lijn 8 reed er een pendeldienst onder hetzelfde lijnnummer tussen de Groenplaats en Zuid.

Antwerpen. ,,Douwe Egberts"-tram 2032 in de Gemeentestraat.

Antwerpen. De opmerkelijke „Poezetram van Gourmet".

tramnet te exploiteren. Bovendien weet iedereen die wel eens in Zwitserland is geweest dat meterspoor op geen enkele manier voor normaalspoor behoeft onder te doen.

Het afgelopen jaar is bij de Antwerpse tram betrekkelijk rustig verlopen. De belangrijkste gebeurtenis is de spoorvernieuwing in de Lange Leemstraat geweest. Hierdoor werd lijn 8 van 5 april tot 24 juni 1988 in twee takken gesplitst. De oostelijke tak was grotendeels een doublure van lijn 11, maar dan ondergronds eindigend aan de Groenplaats, terwijl op de zuidelijke tak van de Groenplaats (bovengronds) naar de Lambermontplaats een pendeldienst met twee motorrijtuigen werd gereden. Een duidelijke trend is verder dat het aantal diensten met gekoppelde motorrijtuigen zich langzaam uitbreidt. Tijdens de winterspitsen rijden zowel op lijn 2 als lijn 12 vijf of zes koppelstellen.

Langzamerhand wordt het trambeeld in Antwerpen steeds kleurrijker. In het afgelopen jaar werden als al dan niet commerciële thematrams toegevoegd: de „Douwe Egberts"-tram 2032 (koffie), de „Gourmet"-tram 2063 (Hoogtepunt van elke Poezedag!), de tweede „Houdt Uw Stad Rein"-tram 2065, de „Gispen"-tram 2126 (kantoorinrichting), de „LuM"-tram 2035 (si-

69

Antwerpen. „Houdt Uw Stad Rein"-tram 2065 naast de crème 2152 aan het eindpunt Hoboken.

Antwerpen. Afscheid van het crème materieel. De motorrijtuigen 2152 en 2154 rijden gekoppeld op de Lambermontplaats.

nen op 28 mei 1988 de laatste twee trams in de vertrouwde crème-kleur uit het stadsbeeld. Dit gebeurde echter niet zomaar. Antwerpse tramvrienden hadden er een echte happening van gemaakt, waarbij de 2152 en 2154 gekoppeld praktisch het gehele net bereden.

Gent

Ook in Gent is het stil geworden rond de uitbreidingsplannen,want deze stad moet het doen met het geld dat na Brussel en Antwerpen nog overblijft, dus praktisch niets. Het laatste bericht was dat de bovenbouwmaterialen voor de verlenging van lijn 1 naar Evergem waren gearriveerd, maar of dit betekent dat de verlenging inderdaad volgens plan eind 1988 in dienst zal worden gesteld blijft voorlopig de vraag. In ieder geval mogen de vier trams die voor de verlenging noodzakelijk zijn van de nieuwe minister niet worden aangeschaft.

Een nog vreemdere situatie lijkt rond het trolleybusprojekt te zijn ontstaan.

Hoewel overal in de stad de trolleybusbovenleiding hangt en de eerste bus eind 1987 is gearriveerd, schijnt de stad Gent weinig animo te hebben de lijn verder te voltooien. In dit kader is het noemen van een openingsdatum dan ook zinloos geworden, aangezien deze ongetwijfeld door een nieuwe (latere) zal worden gevolgd. Dit is een situatie die inmiddels overal in België – behalve in Brussel – regel is geworden.

Wat de feitelijke gebeurtenissen in het afgelopen jaar betreft kunnen we kort zijn. Opnieuw vormden de in juli gehouden ,,Gentse Feesten'' het hoogtepunt. Nadat deze enkele jaren waren opgeluisterd door ritten met een paardetram over de Botermarkt en de Belfortstraat, moest ditmaal naar een andere attractie worden gezocht, omdat het paardetramspoor onder het asfalt zou gaan verdwijnen ten behoeve van de trolleybus. (Het ligt er nog steeds!) Men koos voor een S-motorrijtuig van de Buurtspoorwegen die in de periode van 17 tot 25 juli tussen het St. Pietersstation en het Ledebergplein heen en weer reed. Het werd een groot succes, want voor veel oudere Gentenaren betekende het een nostalgisch weerzien van ,,boerentram'' die sinds 1959 uit het stadsbeeld was verdwenen. Het Buurtspoor-motorrijtuig was overigens geleend van de museumvereniging ASVI in Henegouwen, die uit angst dat het niet uit eigen beweging zou terugkeren, hun bezit in september 1988 's nachts uit de Gentse remise ontvoerden!

In mei 1988 ging in Gent ook de eerste tram met volledige reclamebeschildering rijden. Het is de 37 geworden, die evenals zijn soortgenoot 2035 in Antwerpen, met bakstenen getooid voor het sigarettenmerk ,,L&M'' werft.

Gent. NMVB-motorrijtuig 9974, hier gefotografeerd op de Koningin Elisabethlaan, was een opmerkelijke verschijning tijdens de Gentse Feesten. (Foto: Karel Hoorn)

Gent. De met steentjes beschilderde „L&M" reclametram 37 staat naast enkele blauwe collega's voor de remise. (Foto: Karel Hoorn)

Brussel. Opening van de verlenging van lijn 39. Het voor de gelegenheid „Caroline" gedoopte motorrijtuig 7500 arriveert bij het metrostation Stokkel. Foto: Jan Jaap Carels.

Brussel

Wat het afgelopen jaar betreft valt er over Brussel meer te melden dan over alle andere Belgische trambedrijven samen en gelukkig niet alleen in uitsluitend negatieve zin. Alles draaide om twee belangrijke gebeurtenissen: ten eerste de verlenging van metrolijn 1B naar Stokkel en de gelijktijdige verlenging van tramlijn 39 naar Wezembeek-Oppem, beide op 31 augustus 1988, en ten tweede de indienststelling van metrolijn 2 op het trajekt Zuidstation-Simonis via het oostelijke deel van de Kleine Ring op 2 oktober 1988.

Het eerste betekent een completering van het railnet in het oosten van de Brusselse agglomeratie, waarbij het verheugend is te constateren dat hierbij de tram zo'n belangrijke rol is toebedeeld. De verlenging van lijn 39 bedraagt liefst 3,4 kilometer naar een deelgemeente die nooit eerder door een stadstramlijn is bediend. Voor de metro betrof het daarentegen een uitbreiding over slechts één halteafstand.

Aan de oostzijde van Brussel schijnt de metro hiermee zijn definitieve omvang te hebben bereikt, maar elders lijkt dit nog geenszins het geval. Het ge-

Brussel. Metrostel 207/208 staat op 1 maart 1988 bij Jacqmain tussen de trams te wachten om in de tunnel te worden neergelaten. Foto: Luc Koenot.

Brussel. Dit bleef na de fatale botsing over van metrorijtuig 207. Foto: Jan Jaap Carels.

deelte van metrolijn 2 dat op 2 oktober 1988 in gebruik is genomen is voorlopig niet meer dan ruim de helft van de complete ring die het moet gaan worden, dit omdat het tunnelgedeelte Zuidstation-Weststation nog niet gereed is. In 1991 hoopt men ook dit in gebruik te kunnen nemen, zodat de cirkel dan via het reeds bestaande trajekt Weststation-Simonis van metrolijn 1 kan worden gesloten. Ofschoon men wat betreft het vervoer op de gedeeltelijke lijn 2 nu nog geen overdreven verwachtingen koestert – er zal voorlopig met losse twee-wagenstellen worden gereden – en de Brusselse metro ruim in zijn materieel zit, zijn in december 1987 voor de nieuwe lijn toch nog 19 metrostellen besteld.

Een bekend spreekwoord zegt dat haastige spoed niet altijd goed behoeft te zijn en dat is ook bij de door politieke druk geforceerde aanleg van metrolijn 2 gebleken. Op 2 maart 1988 werd metrostel 207/208 de tunnel ingesleept om proefritten te gaan uitvoeren op het gedeelte Jacqmain-Simonis waar de tram op dat moment nog bovengronds reed. Op 31 maart ging het mis toen het stel met een daverende klap onder tegen de tijdelijke tramhelling bij Simonis opreed. Van metrorijtuig 207 bleef weinig meer over dan een vloer op draaistellen en de bestuurder overleefde het ongeluk maar op het nippertje. Toch had het allemaal nog veel erger kunnen zijn als zich op of bij de helling op dat moment een tram had bevonden. Ook in de eerste weken na de ingebruikneming zijn er nogal wat, in hoofdzaak elektrische storingen geweest, waarbij soms de hele lijn moest worden verbust!

Mede als gevolg van protesten uit de hoek van Brusselse deelgemeenten die niet door de metro worden bediend, en dat zijn nog altijd de meeste, is het tramnet betrekkelijk ongeschonden uit de strijd gekomen. Geen enkel bovengronds railtrajekt is verloren gegaan, wel is het net aanzienlijk gewijzigd, waarbij het aantal doorgaande verbindingen verder is beperkt. Verdwenen als tram zijn de lijnnummers 2, 32 en 101, die geheel of grotendeels van de Kleine Ring gebruik maakten. Over het westelijke, bovengrondse deel van de Kleine Ring is in plaats van lijn 101 nu lijn 18 gaan rijden, die ook de zuidelijke tak van lijn 19 naar St. Denijs heeft overgenomen. Lijn 19 zelf is naar het noordwesten van de stad teruggetrokken en rijdt nu van Groot Bijgaarden tot Simonis en dan verder via de vroegere route van lijn 103 naar Houba en Strooper. Lijn 103 zelf is ingekort tot het trajekt Zuidstation-Erasmus. Al deze wijzigingen zijn reeds op 28 september 1988 ingevoerd om de laatste aanpassingen aan de tunnels onder de Kleine Ring voor metro-exploitatie mogelijk te maken.

Tijdelijke omleidingen en inkortingen in verband met de metro-aanleg waren

Brussel. Tot de op 28 september 1988 verdwenen tramlijnen behoort 2, hier gefotografeerd aan het eindpunt Boudewijnlaan. Foto: Jan Jaap Carels.

Brussel. Het nieuwe kopeindpunt van lijn 94 in Jette. Foto: Erik Swierstra.

er in 1988 ook. Zo reed in verband met de nodige aanpassingen bij Simonis lijn 103 vanaf 5 april tot 2 oktober via de route van de lijnen 18 en 32 en werd lijn 19 op 1 augustus ingekort tot een kopeindpunt bij de Jubelfeestlaan. Verder vond een wijziging plaats in Jette, waar de keerlus van lijn 94 op 1 juli 1988 definitief door een kopeindpunt werd vervangen.

Hoewel even groot in omvang (eigenlijk groter door de verlenging van lijn 39) verzorgt het tramnet sinds 28 september 1988 minder belangrijke verbindingen, en rijdt dan ook minder frequent. Het gevolg is dat opnieuw een aantal vierassers van de serie 7000 op non-actief is gesteld. Zo zijn van de oorspronkelijk 172 trams in deze serie sinds 2 oktober 1988 nog slechts 62 in aktieve dienst. De rest is opgelegd, want gesloopt wordt er ook niet! Slechts de 7001 is, na een zware aanrijding in 1986, in januari 1988 definitief afgevoerd.

Dat dit bewaren niet geheel zonder nut is moge blijken uit het feit dat ook in 1988 nog twee-assers uit de serie 9000 konden worden verkocht. Motorrijtuig 9062 ging op 8 februari naar een industrieel open-luchtmuseum in Coatbridge bij Glasgow en de 9069 vertrok enkele dagen later naar de museumtramlijn van Buenos Aires om daar twee trams uit Porto gezelschap te gaan houden. Er zijn nu nog slechts twee 9000-en voor de vrije verkoop beschikbaar.

Bij het gelede materieel valt op te merken dat op 5 april 1988 de 7810 als laatste verbouwde 7800 de werkplaats verliet. Nadat eerder de éénrichtingmotorrijtuigen 7501-7598 tot tweerichtingmotorrijtuigen in de serie 7700 waren verbouwd is de tweerichtingserie 7801-7830 hieraan aangepast, zodat een identieke serie 7701-7827 is ontstaan (de 7529 is nooit aan verbouwing toegekomen). Het niet verbouwde prototype 7500 is weer geregeld in de normale dienst te vinden. Onder de naam ,,Caroline'' mocht zij zelfs op 31 augustus 1988 de verlenging van Stokkel naar Wezenbeek-Oppem openen. Sinds 2 oktober 1988 is de materieelverdeling over de lijnen in principe als volgt:

serie 7000   – lijn 39, 44, 58, 93
prototype 7500 – lijn 23, 39, 44 of 93
serie 7700   – lijn 18, 23, 52, 81, 90, 92, 94
serie 7900   – lijn 19, 55, 103

Museumaktiviteiten

Naast de al jaren tijdens de weekends van Pasen tot begin oktober uitgevoerde ritten met historisch materieel van de remise Woluwe naar Tervuren, is Brussel in 1988 een nieuwe attractie rijker geworden. Op zondagochtenden in juli en augustus werd een lange rit met koffiepauze door de stad georgani-

Brussel. Waar een taalprobleem al niet toe kan leiden. In plaats van „buiten dienst" voeren de 7900-en de aanduiding „long vehicle" in de richtingfilm.

seerd met de vierasser 5001. De belangstelling bleek ver boven verwachting en al gauw moest het „Standaard"-stel 59 + 604 bijspringen.

Bovendien organiseerden de Brusselse tramvrienden twee bijzondere manifestaties. Op 21 juli vond een optocht van historische trams door de Koningstraat en de Regentschapstraat (het enig overgebleven binnenstadstrajekt) plaats, als herhaling van een soortgelijke manifestatie drie jaar eerder. Regelrecht uniek was de gebeurtenis op 23 mei, toen een groot deel van de reusachtige vloot werkmaterieel die Brussel rijk is ten behoeve van al dan niet fotograferende tramvrienden tussen de Baraplaats en de J. Mennekensplaats pendelde. Het werd een happening die bezoekers uit heel Europa trok.

78

Brussel. De stadsrondritten worden uitgevoerd met motorrijtuig 5001, die hier het Montgomeryplein oversteekt.

Brussel. Een typerend beeld van de werkmaterieelmanifestatie op 23 mei 1988.

Nationale Maatschappij van Buurtspoorwegen

Kustlijn

Hoe sterk het tramvervoer op de Kustlijn afhankelijk is van het seizoen moge blijken uit het feit dat bijna de helft van alle reizigers zich in de maanden juli en augustus aanbieden. Op de allerdrukste vakantiedagen zijn wel vijftig trams op de baan; 's winters daarentegen slechts tien. Ook de bewoners van de kustplaatsen moeten voor een groot deel in die periode hun geld verdienen en het inzicht dat samenwerking daarbij de meest raadzame politiek is heeft in 1987 geleid tot de aktie „Kustlijn-Zonnelijn". Een aantal trams was voorzien van borden onder de voorruit die de aandacht moesten vestigen op attracties in de Kuststreek. Aan boord bevonden zich geüniformeerde dames met folders en verdere informatie over het gebodene.

Het succes was voldoende om in 1988 op de ingeslagen weg voort te gaan. Wel werd, om de weergoden niet te veel te provoceren, de naam van de aktie veranderd in „De Kusttram – een Zee van Attracties".

De promotietrams reden van 1 juni tot en met 15 augustus. Doordat het openbaar vervoer bij de attracties was inbegrepen hadden ze meer het karakter van dagtochten gekregen en er werden liefst 28 thematrams ingezet. De meeste droegen evenals het jaar tevoren naamborden onder de voorruit, maar twee kregen een complete beschildering, de 6017 als propagandist voor „Vlaanderen Vakantieland" en de 6018 als „Melietram" (een pretpark tussen De Panne en Adinkerke).

Hoogtepunt van het seizoen was opnieuw de manifestatie „Trammelant" op 6 augustus 1988, die ditmaal in het teken stond van het honderdjarig bestaan van de badplaats De Haan. Dit werd gevierd met een tramoptocht tussen Blankenberge-Harendijke en De Haan, waaraan een stoomtram en enkele historische elektrische trams deelnamen. Voor het publiek pendelde verder de Gentse 354 met het open NMVB-aanhangrijtuig 8816 tussen De Haan Tramstation en Zwarte Kiezel.

De eventuele verlenging van de kustlijn van de Panne tot Adinkerke sleept nu al zo lang dat onderhand iedereen aan de verwezenlijking begint te twijfelen.

De Haan. De „Zwin en Vlinder"-tram passeert het Gentse motorrijtuig 354 tijdens de manifestatie „Trammelant". Foto: Erik Swierstra.

Knokke. Motorrijtuig 6017 draagt als themabeschildering „Vlaanderen Vakantieland". Foto: Ben Loos.

Wenduine. Ter gelegenheid van het eeuwfeest van de badplaats De Haan reed weer eens een stoomtram op de Kustlijn.

Weliswaar heeft De Panne in 1987 eindelijk zijn toestemming voor de aanleg gegeven, maar deze wordt nu weer te duur geacht. De kennelijk spontaan opgekomen oplossing was om de lijn dan maar enkelsporig aan te leggen. In feite heeft het papierwerk de aanlegkosten al ver overschreden zonder dat er tot nu toe iets wezenlijks is gebeurd.

Henegouwen

De al jaren voortgaande aftakeling van het tramnet in Henegouwen heeft in 1988 min of meer zijn besluit gekregen, om de eenvoudige reden dat er nauwelijks nog iets om op te heffen over is. Vervoersdeskundigen en trambelangstellenden uit de gehele wereld hebben met verbijstering gadegeslagen hoe bestaande tramlijnen willekeurig werden opgeheven, nieuw aangelegde trajekten niet in dienst kwamen en defect materieel zich rond de werkplaats ophoopte om langzamerhand van allerlei onderdelen te worden ontdaan om zodoende het restant gaande te houden.

Inmiddels is voor iedereen duidelijk geworden dat mismanagement de hoofdoorzaak van al deze ellende is geweest. Verantwoordelijk hiervoor was de regionale direkteur, die niettemin onder protectie van de vorige minister rustig zijn gang kon blijven gaan. Inmiddels is in de zomer van 1988 een nieuw kabinet van een andere politieke signatuur aan het bewind gekomen en alles wijst erop dat onder de nieuwe minister een andere wind zal gaan waaien. De gewraakte direkteur is inmiddels op non-actief gesteld, maar dit betekent geenszins dat voor de bewindsman daarmee ook het vertrouwen in de Henegouwse buurtspoorwegen als tramexploitant is hersteld. Integendeel, alles lijkt erop dat de nieuwe minister op zoek is gegaan naar een andere partner en deze heeft gevonden in de vorm van het stedelijk vervoerbedrijf van Charleroi (STIC), dat zelf tot 1974 tramexploitant is geweest. Dit bedrijf zou de sinds 1985 praktisch voltooide, maar door eindeloze politieke strubbelingen nooit in dienst gestelde „stadslijnen" van Charleroi Sud naar Centenaire en Gilly moeten gaan exploiteren, waarvoor de SNCV dan een deel van zijn gelede wagenpark aan de STIC zou moeten afstaan. Voor het zover is zal het ministerie eerst allerlei in het ongerede geraakte installaties laten herstellen en de verlenging van Gilly naar Soleilmont laten afbouwen.

Sinds begin 1988 vinden op de nieuwe lijnen al regelmatig proefritten plaats, maar een datum voor de officiële indienststelling is nog steeds niet bekend. Hiermee heeft vooral te maken dat eerst weer voldoende trams zullen moeten worden hersteld en dat verder een tramwerkplaats ten behoeve van de STIC zal moeten worden gevonden. Hiervoor komt de bestaande accommodatie in Jumet natuurlijk als eerste in aanmerking, maar afgezien van de vraag of de Buurtspoorwegen hiermee spontaan accoord zullen gaan, zal de STIC zeker een vervanging van de ruim zestig jaar oude inrichting eisen.

Als het allemaal verloopt zoals verwacht (en wat is zeker in deze situatie), dan is de volgende logische stap dat ook de laatste tramlijn 90 van de Buurtspoorwegen aan de STIC zal worden toevertrouwd, maar dan wel ingekort tot Fontaine l'Evêque, het punt waar thans het beton ophoudt. En daarmee valt dan het doek over ruim een eeuw Buurtspoorexploitatie in Henegouwen…

Wat heeft zich nu in het afgelopen jaar bij de tramlijnen in Henegouwen afgespeeld? In het begin liet de situatie zich nog niet eens zo dreigend aanzien. Immers, overeenkomstig de belofte keerde na de schoolvakanties op 1 september 1987 tramlijn 80 terug tussen Charleroi en Trazegnies, maar helaas was het ondanks twee maanden beperkte dienst en een geheel tramloze vakantieperiode niet gelukt het gehele trajekt te vernieuwen. Sterker nog, na enkele weken moest het eindpunt in Trazegnies enkele honderden meters worden ingekort, omdat het spoor aldaar niet langer berijdbaar werd geacht.

Wellicht voorziend dat het met de baanvernieuwing niet zo'n vaart zou lopen,

Damprémy. Enkele dagen voor het einde verlaat lijn 41 de tramtunnel van de lijnen 89 en 90.

Charleroi. Op 5 april 1988 verdween lijn 80 opnieuw en ditmaal waarschijnlijk voor altijd.

*Courcelles Motte. Na een staking van ruim twee weken moest het autover-
keer weer aan het verschijnsel tram wennen. Foto: Jan Jaap Carels.*

had de werkplaats in Jumet de gedwongen bedrijfspauze gebruikt om 15 crème Spm-motorrijtuigen wccr rijvaardig të maken. Deze beleefden daarmee
nog een onverwachte terugkeer, maar al gauw bleek dat men aan tien stuks
meer dan voldoende had gehad. Ook werden voor de zoveelste maal nieuwe
richtingfilms vervaardigd, waarbij van de negen (!) lijnnummers die op het
trajekt Charleroi-Trazegnies in gebruik waren alleen 80 en 80 doorstreept
overbleven.

De echte rampspoed begon vroeg in 1988 met de mededeling dat per 1 februari het restant van lijn 41 tussen Charleroi en Gohyssart zou worden opgeheven en tegelijkertijd het net van buslijnen zou worden aangepast. Het personeel pikte het niet en reageerde met de zoveelste staking. Uiteindelijk reed de
laatste tram van lijn 41 op 29 februari, nadat de dienst na afloop van de staking nog gedurende vier dagen was hervat. De laatste rit werd gereden door
het crème-Spm-motorrijtuig 9157.

De volgende gebeurtenis zou niet lang op zich laten wachten. Om de baanvernieuwing te bespoedigen werd op 5 april 1988 lijn 80 opnieuw buiten
dienst gesteld, eerst tot 15 april, later tot 1 juli, althans dat zei men. Kort

85

Jumet. Tot het beter onderhouden materieel behoren de werkwagens, zoals deze bovenleidingsinspectiemotorwagen 9591 die zelden of nooit wordt gebruikt.

St. Vaast. Ook het traject Anderlues-La Louvière van lijn 90 is niet langer onbedreigd. Foto: Gerard de Graaf.

daarna werd al duidelijk dat het trajekt Gosselies-Trazegnies niet meer terug zou keren, ondanks het feit dat het lijngedeelte Courcelles-Trazegnies nog in 1982 was gemoderniseerd. Op het lijngedeelte Charleroi-Gosselies werd daarentegen nog ijverig doorgewerkt aan het vervangen van sporen en bovenleiding. Ook het zelden bereden spoor naar de stapelplaats Gosselies Faubourg werd tot ieders verbazing weer aangesloten. Toen kwam op 1 juli het bericht dat ook deze trajekten definitief waren opgeheven en onmiddellijk daarop werden alle werkzaamheden gestaakt.

Inmiddels waren enkele dagen na de opheffing van 5 april vrijwel alle nog aanwezige S-motorrijtuigen, inclusief de gemoderniseerde SJ's, aan een sloper verkocht, maar kort daarna moest deze transaktie weer ongedaan worden gemaakt toen iemand ontdekte dat de verkoop van meer dan 20 trams tegelijkertijd voor de sloop openbaar had moeten worden aanbesteed. Als gevolg daarvan waren aan het eind van de zomer alle SJ-motorrijtuigen nog aanwezig, op de 9182 na die naar de museumvereniging ASVI was gegaan, en een aantal crème Spm-motorrijtuigen (met een snor en klaptreden). Niettemin is de kans dat ze in Henegouwen nog ooit in de reizigersdienst zullen terugkeren nihil, zodat rustig kan worden gesteld dat deze edele voertuigen voor het laatst op 4 april 1988 aktief zijn geweest. Toen reden de 9170, 9173, 9174 en 9178. In zijn ondoorgrondelijke wijsheid schijnt de SNCV overigens te hebben vastgesteld dat twintig (!) S-motorrijtuigen nodig zullen blijven als werkmaterieel, maar ook daar komen ze wel weer overheen. De chronique scandaleuse is daarmee overigens niet compleet, want op het moment dat werd besloten alle overgebleven vierassers af te voeren was de ombouw van S-motorrijtuig 9121 tot SJ-motorrijtuig 9181 bijna gereed.

Het zou een bijzonder mooi exemplaar worden, want er was sinds 1980 aan gewerkt. Meteen naar de sloper verwijzen werd dan ook te gênant geacht, dus u raadt het: alweer een werkwagen.

We nemen de chronologische draad weer op. Op 1 september 1988 moest het depot La Louvière worden gesloten wegens het vernieuwen van een riool, een steeds weer opduikend argument in Henegouwen om tramlijnen op te heffen. Ook gonst het van de geruchten dat het gedeelte La Louvière-Anderlues of zelfs La Louvière-Fontaine l'Evêque van lijn 90 spoedig zal sneuvelen. De reden is dat bij de modernisering in 1980-1982 weliswaar zwaardere rails zijn gelegd, maar dat de bovenbouw verder niet is vernieuwd en voor extra baanonderhoud geen geld is.

Inmiddels is ook wel duidelijk geworden dat voor alle 54 gelede trams op geen enkele wijze meer emplooi is te vinden. Met de helft is het ruimschoots bekeken. De SNCV is in het geniep dan ook al op zoek gegaan naar kopers. Enkele exemplaren zullen zeker naar de kustlijn gaan waar men graag een paar tweerichtingmotorrijtuigen heeft om calamiteiten op te kunnen vangen. Verder schijnen contacten te zijn gelegd met de Spaanse stad Sevilla, waar men 12 (andere bronnen zeggen 17 of 20) motorrijtuigen wil overnemen voor een sneltramlijn in verband met de Olympische Spelen van 1992. We wachten af.

De vraag blijft hoe het allemaal zo heeft kunnen gebeuren en wat eruit valt te leren. En dan blijkt het veel te hebben van een mislukt ontwikkelingshulpprogramma. Henegouwen, ooit de industriële motor van België, is afgezakt tot een economisch zeer zwak gebied, dat door zijn tramnet nog min of meer bijeen wordt gehouden. De sinds de jaren twintig niet meer gemoderniseerde werkplaats in Jumet heeft de handen vol om het technisch verouderde wagenpark op de baan te houden, maar slaagt daar toch redelijk in en heeft zelfs tijd over voor bescheiden verbouwingen. Dan komt de gulle gever, in de vorm van een grote mogendheid in Brussel, die samen met een grote industrie wel eens een hypermodern sneltramnet rond de belangrijkste kern Charleroi zal gaan aanleggen, geheel volgens hun eigen ideeën, want de bedoeling is er de wereldmarkt mee te gaan veroveren. Slechts één van de bestaande tramlijnen mag meedoen met de sneltramplannen, maar dat is geen ramp, want er komt genoeg nieuw materieel dat ook op de andere lijnen kan worden ingezet.

De sneltramaanleg gaat van start en slokt langzamerhand alle geld, energie en aandacht op. Ook de nieuwe trams komen er, maar die blijken te breed. Als het trajekt Charleroi-Gosselies provisorisch wordt aangepast blijken ze door de baan te zakken. Er zit dus niets anders op dan het hele net, althans de hoofdverbindingen, te verzwaren. Eenmaal in dienst, blijken de nieuwe trams wel eens stuk te gaan, met name ook door enkele spectaculaire aanrijdingen. De verouderde werkplaats heeft de grootste moeite met het rijvaardig houden van de nieuwe wonderen, niet in de laatste plaats omdat de gulle gever heeft verzuimd reserveonderdelen bij te leveren. Dus wordt een niet te rechtvaardigen maar wel begrijpelijke noodgreep toegepast; de ene tram wordt gerepareerd met onderdelen uit de andere. In korte tijd, verzamelt zich een lange rij gedeukte en gedeeltelijk ontmantelde trams op de sporen rond de werkplaats. Door deze extra problemen raakt ook het normale onderhoud van het oudere materieel in de knel. De S-motorrijtuigen worden rijvaardig gehouden, maar meer ook niet en al gauw maken ze een ongelooflijk vieze en verwaarloosde indruk.

Na enige jaren op deze wijze te hebben voortgemodderd is een dermate grote achterstand in materieel- en baanonderhoud ontstaan dat een correcte uitvoering van de dienstregeling niet langer mogelijk is. De lokale direktie ziet geen andere oplossing dan een aantal tramlijnen te verbussen, eerst de allerzwakste, maar later ook hoofdverbindingen waarop het nieuwe gelede materieel had moeten worden ingezet, ware het niet dat dit gedeeltelijk onttakeld naast de remise in Jumet staat. Deze opheffingen gebeuren op strikt „tijdelijke" basis, want de gulle gever ziet zijn plannen niet graag gedwarsboomd. Hij weigert dan ook credieten voor vervangende autobussen te verlenen, zodat de geplaagde direktie bij andere NMVB-groepen moet gaan bedelen of ze nog bussen over hebben. Nu is dat gelukkig geen probleem, want daar is een nieuwe generatie materieel juist in aflevering en al gauw beweegt een stroom verouderde FIAT-bussen zich uit alle hoeken van België in de richting van Henegouwen.

Helaas is dit ook maar een schijnoplossing, want de onderhoudsproblemen met de trams verplaatsen zich nu naar de bussen, zodat het werkplaatsterrein al gauw op een sloperij gaat lijken.

Iedereen wacht nu hoopvol op 1 januari 1990, wanneer de Buurtspoorwegen zullen worden opgesplitst in een Vlaamse en Waalse regio, en de „grote broer" uit Brussel zich niet langer met de gang van zaken kan bemoeien. Dan zullen de opheffingen ongetwijfeld definitief worden verklaard en snel nieuwe bussen worden aangeschaft. Voor de tram is het dan echter te laat.

GLT

Wat later en bescheidener van opzet dan oorspronkelijk de bedoeling is geweest ging op 1 juni 1988 de GLT (Guided Light Transit) voor het publiek rijden. De GLT is een door de firma BN in Brugge ontwikkelde dubbelgelede autobus die zich met diesel-elektrische aandrijving vrij over de weg kan bewegen, maar ook – en daar gaat het om – over een betonnen baan met bovenleiding en spoorvoering met behulp van een stalen middenrail.

Oorspronkelijk zou de lijn, die door BN als een demonstratieprojekt met het doel potentiële kopers te trekken is aangelegd, van het spoorstation van Jemelle naar de grotten van Han voeren, maar dit plan is afgesprongen op de weigering van de grottenexploitant om een financiële bijdrage te leveren. De GLT rijdt nu als „spoorvoertuig" tussen Jemelle en Rochefort en verder als „gewone" autobus door naar Han, waar het eindpunt ligt op de plaats waar de tramlijn naar de grotten begint. Twee maal per dag wordt echter doorgereden tot de TV-zendmast van Lessive.

Rochefort. De GLT in het voormalige spoorstation, even voordat de geleide baan wordt verlaten.

,,Mama, kijk zonder handen!"
De bestuurder van de GLT
maakt er een show van.

De geleide busbaan tussen Jemelle en Rochefort is aangelegd op een deel van het baanlichaam van de in 1983 opgeheven spoorlijn Jemelle-Houyet. Dit trajekt is vier kilometer lang en bij de aanleg zijn alle technieken toegepast die de ontwerpers konden bedenken, zoals een volledig open constructie, maar ook met de geleiderail verzonken in een betonnen wegdek. Aan beide einden bevindt zich een (overbodige!) keerlus.

Hoewel er drie GLT-bussen zijn aangekondigd, waren er in de zomer van 1988 nog slechts twee voor de dienst beschikbaar. Ze zijn ondergebracht in het voormalige lokdepot van Jemelle. De voertuigen zien er nogal futuristisch uit en hebben onder andere TV-monitoren in plaats van achteruitkijkspiegels. Op het dak van het achterste deel bevindt zich een éénarmige stroomafnemer, die wordt gebruikt op het spoorgedeelte waar een enkelvoudige bovenleiding is aangebracht. De retourstroom loopt via de geleiderail. De bovenleidingspanning bedraagt 650 volt.

Han. De dieseltram naar de grotten zal ook in de toekomst blijven rijden.

Tot 15 september 1988 maakten de GLT-bussen dagelijks vijf ritten. Daarna reden ze nog gedurende twee weekeinden.

Hoewel de spoorvoering duidelijk beter is doordacht dan bij de Duitse „Spurbus" (wat blijkt uit de geringere hinder van het busspoor voor het overige verkeer en het feit dat veel scherpere bogen kunnen worden bereden), blijft de vraag of er een duidelijke markt is voor deze uitvinding. In ieder geval is België er een vervoersattractie rijker door geworden.

Han

Nu het gevaar van overname door de GLT is geweken en elektrificatie er voorlopig ook niet inzit, is men bij de tramlijn naar de Grotten van Han begonnen de vijf dieselmotorrijtuigen, die gemiddeld ruim vijftig jaar oud zijn, een opknapbeurt te geven. Als eerste kwam de AR 168 gereed. Tijdens het hoogtepunt van het vakantieseizoen rijden vier motorrijtuigen en alle acht open aanhangrijtuigen. Er wordt dan ook met konvooien bestaande uit drie trams met ieder twee aanhangrijtuigen en een los motorrijtuig een halfuurdienst onderhouden.

Duitsland

Het Noorden

Bremen

Inmiddels is duidelijk geworden dat de in 1986 tot dubbelgeleed motorrijtuig verbouwde 561 niet de inleiding voor een uitgebreid verbouwingsprogramma is geweest, maar het prototype voor een geheel nieuwe generatie materieel. Dit laatste is inmiddels op papier gepresenteerd en het is niet ondenkbaar dat het voorgestelde ontwerp zelfs de besteller heeft verrast. Er is in ieder geval duidelijk door geworden dat de Duitse industrie, in tegenstelling tot veel overheden, wel degelijk een toekomst ziet in de traditionele „tram in de straat" en bereid is in nieuwe ontwikkelingen te investeren. DUEWAG heeft met zijn „Stadtbahn 2000"-concept hierin het initiatief genomen, maar de ontwikkelingen wijzen erop dat al minstens twee andere industrieën zich in de strijd om de tram van de toekomst hebben geworpen. Dat zijn Linke-Hofmann-Busch met zijn merkwaardige ontwerp voor Würzburg en nu ook de oude vertrouwde firma MAN uit Nürnberg.

Oppervlakkig heeft het in Bremen gepresenteerde model nog veel gemeen met de verlengde 561, maar in wezen zit er wel degelijk vijftien jaar technische ontwikkeling in verborgen. De belangrijkste nieuwtjes zijn het gebruik van roestvrij staal voor de opbouw, de toepassing van draaistroommotoren en elektronische besturing, en tenslotte (wie had het niet verwacht!) een lage vloer. Helaas zijn de bestelserie en levertijd voor Bremen nog niet bekend, maar wel heeft München inmiddels drie vrijwel identieke voertuigen besteld, die als prototypen voor een hoognodige nieuwe generatie trams moeten gaan dienen.

Voor het overige is het aktuele nieuws uit Bremen beperkt. Wie de merkwaardige spitse „Grossraum"-stellen nog wil meemaken moet nu wel opschieten. Eind 1988 waren er nog vier over.

Bremen. „Grossraum"-motorrijtuig 489 voor het depot Gröpelingen, enkele dagen voordat het zou worden afgevoerd. Foto: Andreas Mausolf.

Hannover

Eind september 1988 is een begin gemaakt met de levering van de vierde „Stadtbahn"-serie 6206-6230. Uiterlijk verschillen ze slechts in details van hun voorgangers. Als in 1992 ook de aansluitende serie 6231-6250 zal zijn afgeleverd kunnen ook de laatste DUEWAG-trams worden afgevoerd.

Het werk aan het oostelijke tunneltrajekt in de richting van Kirchrode vordert goed. Met de winterdienst van 1989 moeten de trams van de lijnen 5, 6 en 14 hier ondergronds gaan rijden. Bovengronds werd in het noorden de eerste 300 meter van verlenging van lijn 8 naar Langenhagen op 29 april 1988 in gebruik genomen.

Sinds 2 april 1988 kent Hannover een geregelde historische tramdienst op zondagen en de eerste zaterdag van de maand. Motorrijtuig 178 uit 1988 berijdt dan met de aanhangrijtuigen 1034 en 1039 een ringlijn rond de binnenstad, waarvan een groot deel overigens alleen nog als verbindingsspoor wordt gebruikt.

Hannover. Het historische tram-stel aan de Klagesmarkt. Foto: Andreas Mausolf.
Braunschweig. In de nieuwe lijn naar Radeklint ligt een stukje strengelspoor om een voetgangersoversteekplaats wat overzichtelijker te maken. Foto: John Krijgsman.

Braunschweig. Het eindpunt Donaustrasse van lijn 5 met op de achtergrond de lijn naar Broitzem in aanleg. Foto: John Krijgsman.

Braunschweig. Museum- en partytram 1 prijkt sinds enige tijd in een nieuw jasje. Foto: Andreas Mausolf.

Braunschweig

Met Karlsruhe en Freiburg behoort Braunschweig tot de weinige steden in de Bondsrepubliek waar het tramnet systematisch wordt uitgebreid, vaak over trajekten die in de donkere jaren vijftig en zestig werden opgeheven. Zo kreeg op 14 november 1987 het stadsdeel Radeklint weer een tram, 28 jaar (!) nadat de vorige lijn was opgeheven. Voorlopig gaat het om een verlenging van lijn 4 over één kilometer, maar uiteindelijk zal het nieuwe trajekt 5,2 kilometer lang worden en de nieuwe woonwijk Lehndorf-Kanzlerfeld gaan bedienen. We schrijven dan overigens wel het jaar 2000. Voor die tijd zal eerst nog de – overigens pas uit 1978 daterende – lijn 5 worden doorgetrokken van de Donaustrasse naar Broitzem en de lijn naar Heidberg (thans nog 2) in het zuiden een aftakking krijgen naar Stöckheim. Aktiviteiten genoeg dus voor de komende jaren.

Dit zal ook een gedeeltelijke reorganisatie van het lijnennet met zich meebrengen en als inleiding daarop keerde op 16 juni 1986 voor het eerst sinds 1955 het lijnnummer 6 terug. Deze bedient de verbinding Radeklint – Donaustrasse als versterking van de huidige lijnen 4 en 5.

Hoe het wagenpark met deze uitbreidingen gelijke tred zal gaan houden moet nog blijken. Wel zijn de jarenlang op reserve gehouden 6951-6956 (de enkelgelede versie van de Amsterdamse 725-779) nu weer volledig aktief. Hetzelfde geldt voor de resterende motorrijtuigen van de serie 6200.

Bielefeld

Op 30 oktober 1987 reden voor het laatst gelede trams van het klassieke DUEWAG-type in Bielefeld, althans officieel want ook daarna zijn de achtassers 804, 807 en 808 nog wel eens op lijn 2 opgedoken. Het is op den duur de bedoeling dat eerstgenoemde tot partytram wordt verbouwd, terwijl de andere twee slijp- en pekelwagen zullen worden.

Op de valreep kon ook nog wat materieel tweedehands worden gesleten; acht aanhangrijtuigen gingen naar Darmstadt. Van de veertien nog aanwezige zesassige motorrijtuigen is de toekomst daarentegen ongewis. Hoogstwaarschijnlijk zullen ze worden gesloopt.

Dankzij het feit dat het mee mocht snoepen uit de pot die was bestemd voor de „Stadtbahn"-aanleg in het gebied Rhein-Ruhr en Köln-Bonn heeft het allerminst bruisende provinciestadje Bielefeld zich een „Stadtbahn" kunnen aanmeten. De binnenstad is nu volledig ondertunneld – al zal de ingebruikneming nog wel een paar jaar op zich laten wachten – en het wagenpark is sinds 1982 geheel vervangen door 44 motorrijtuigen van het type „Stadtbahn M" met deuren die zowel voor hoge als lage perrons zijn geschikt. Nu het oude materieel is verdwenen worden de haltes aan buitentrajecten op eigen baan successievelijk van hoge perrons voorzien.

Kassel

Het al jaren uiterst zuinig geëxploiteerde trambedrijf van Kassel – tot 1981 reden hier de laatste vooroorlogse trams in de Bondsrepubliek - lijkt definitief andere wegen te zijn ingeslagen. Ten eerste gonst het van de uitbreidingsplannen, waarvan er minstens één goede kansen maakt binnen enkele jaren te worden gerealiseerd. Dat is de 4,3 kilometer lange rechtstreekse verbinding tussen stadsdelen Wilhelmshöhe en Oberzwehren via Helleböhn, met een aftakking naar Nordshausen. Als de inspraakprocedures in het verwachte tempo verlopen kan in 1990 met de aanleg worden begonnen. Redelijk kansrijk is ook de verlenging van lijn 7 van Mattenberg naar Baunatal-Stadt en dan verder via de sporen van de Kassel-Naumburger Eisenbahn (thans alleen goederenvervoer) naar Grossenritte. Verdere plannen voorzien in tramverbindingen met de stadsdelen Ihringshausen, Lohausen en Kaufungen.

Ook op materieelgebied is van alles aan de hand. Nadat in 1981 en 1986 al

Bielefeld. Inmiddels is dit materieel historie. Twee DUEWAG-tramstellen ontmoeten elkaar aan de halte ,,Krankenhaus''. Foto: Andreas Mausolf.

Kassel. Motorrijtuig 279 bij het Station Wilhelmshöhe. Dit type staat als eerste op de nominatie om te worden vervangen. Foto: Frank Hemminga.

twee series motorrijtuigen van het type „Stadtbahn N" waren aangeschaft, zijn in juli 1988 opnieuw 15 motorrijtuigen besteld, die vanaf 1990 zullen worden geleverd. Ze zijn deels bestemd voor de nieuwe uitbreidingen en verder ter vervanging van de laatste gelede trams op vaste onderstellen.

De bestelprocedure vond plaats op een moment dat de concurrentie om de tram van de toekomst in Duitsland in volle gang was en het moet DUEWAG er dan ook veel aan gelegen zijn geweest om deze order in de wacht te slepen, nadat Linke-Hofmann–Busch in Würzburg en MAN in Bremen en München de gerenommeerde firma een slag voor waren gebleven. Dit is gelukt, maar wel ten koste van alweer een nieuw tramtype. Omdat de „Stadtbahn 2000"-tram pas in 1995 – of op zijn vroegst 1993 – produktierijp zal zijn krijgt Kassel een lage-vloerversie van het type „Stadtbahn N" met elementen van „Stadtbahn 2000". De gemotoriseerde einddraaistellen krijgen wielen van 560 mm diameter, terwijl de middenbak op vier asloze bestuurbare wielen komt te rusten. De twee einddeuren krijgen twee treden meer dan de drie in het echte lage-vloergedeelte.

Afhankelijk van de vorderingen bij de aanleg van nieuwe trajecten zullen na 1990 nog eens 7 tot 10 motorrijtuigen worden bijbesteld. Deze zullen dan wel van het definitieve type „Stadtbahn 2000" zijn.

Rijn-Ruhrgebied

Dortmund

De tunnelaanleg concentreert zich op de tweede noordzuidas, die van de Glückaufstrasse aan de lijn naar Grevel tot de Westfalenhalle aan de lijn naar het stadion loopt. In 1991 moet lijn U42 naar Grevel en in 1993 lijn U46 naar het Westfalenstadion gaan rijden. Wat de oostwestas Marten – Wickede betreft, gaat men ervan uit dat deze uiterlijk 1996 ondergronds door de binnenstad kan worden geleid.

Opnieuw zijn acht stuks van de oudere DUEWAG-achtassers buiten dienst gesteld. Daarentegen draait het „Grossraum"-stel 203 + 812 nog iedere ochtendspits zijn rondjes op lijn 403.

Bochum

Op 18 oktober 1988 arriveerde het eerste normaalsporige „Stadtbahn B"-mo-

Hiroshima. In 1981 zijn twee Dortmunderse achtassers naar Hiroshima verkocht. Ze worden daar slechts zelden ingezet, omdat de zware airconditioningskasten op het dak de rij-eigenschappen nadelig beïnvloeden. Foto: Ernst Lassbacher.

torrijtuig 6001 in het depot Riehmke. Met ingang van 2 september 1989 moet het, samen met twaalf andere, op de ondergrondse lijn U35 van Bochum naar Herne gaan rijden. Aan de zuidelijke verlenging naar Querenburg–Hustadt wordt inmiddels hard gewerkt. In 1992 moet ook hier de tram normaalsporig gaan rijden.

Hoewel het traject naar Herne bovengronds verdwijnt, en daarmee weer een typisch stuk Ruhrgebied-tramatmosfeer verloren gaat, staat daar tegenover dat de toekomst van de veel romantischer lijn 306 naar Wanne-Eickel althans voorlopig is verzekerd. Wel is op 12 januari 1988 de keerlus voor het DB-station Wanne-Eickel door een kopeindpunt vervangen.

Van het metersporige materieel verdween weer het een en ander. De motorrijtuigen 42 en 47 werden gesloopt en de 1, 285 en 298 gingen naar Lille. Motorrijtuig 13 werd werkwagen 613, maar zijn twee-assige soortgenoten 682-685 verdwenen naar de sloper of musea. Het beste kwam motorrijtuig 48 ervan af. Deze begon eind 1988 een nieuw leven als partytram 88 en moet in principe dus nog elf jaar mee. (De eerste partytram „Bogie" werd in 1977 in dienst gesteld en kreeg dienovereenkomstig het nummer 77.)

Wanne-Eickel. Begin 1988 werd de keerlus rond de bunker voor het station door een kopeindpunt vervangen.

Essen. Lijn 109 in het stadsdeel Frohnhausen, waar de tram nu toch behouden blijft.

Essen. Trolleybus met spoorvoering in het ondergrondse tramstation Porscheplatz.

Essen

Na jaren van strijd tussen een ambitieuze overheid en een bevolking die haar openbaar vervoer wel steeds gecompliceerder maar daardoor niet noodzakelijkerwijze beter zag worden, heeft laatstgenoemde partij een belangrijke overwinning geboekt. Eind 1987 werd officieel bekend dat het railnet ook op lange termijn in zijn huidige omvang blijft gehandhaafd en dat voor de (metersporige) tramlijnen een doorstromingsprogramma zal worden uitgevoerd waarbij deze op een aantal knelpunten voorrang krijgen op het wegverkeer. De meest bedreigde lijn 109 naar Frohnhausen krijgt alsnog een aansluiting op de oostwesttunnel.

Voor de toekomst heeft dit besluit belangrijke consequenties. Ten eerste betekent het dat ook in de verre toekomst naast de normaalsporige „Stadtbahn"-lijnen op de hoofdassen, een metersporig trambedrijf zal blijven bestaan. Daarnaast is hiermee een verdere ontwikkeling van het „Spurbus"-project in feite een halt toegeroepen, omdat conversie van relatief zwakke buslijnen voor deze vorm van openbaar vervoer niet interessant is.

Overigens gaat het met de „Spurbus" niet echt goed. Er zijn nogal wat ongevallen geweest die in de pers breed werden uitgemeten. Het busspoor in de Wittenbergstrasse moest na enkele jaren exploitatie al volledig worden vernieuwd en als laatste tegenslag kwam het bericht dat het traject via de autosnelweg tussen Wasserturm en Kray geen bovenleiding krijgt, omdat de middenbermbeveiliging dan ook zou moeten worden vervangen! Dit kan niet anders betekenen dan dat de centrale masten die ooit de trambovenleiding en de wegverlichting droegen te zwak zijn gebleken voor de geplande trolleybusbovenleiding.

Wat wel is doorgegaan, zij het een half jaar later dan gepland, is de introductie van bussen met spoorvoering in de tramtunnel. Sinds 25 september 1988 rijden de bussen van lijn 146 stadinwaarts eerst als bestuurde trolleybus door het centrum van Kray, vervolgens als diesel-„Spurbus" tot de Wasserturm,

Essen. Tram en ,,Spurbus'' bij de Volkshochschule. De bus rijdt juist de fuik van het busspoor binnen.

Mülheim. De nieuwe situatie in ,,Stadtmitte''. Rechts het kopeindpunt van de Duisburgse lijn 901. Links motorrijtuig 1631 uit Essen op lijn 104.

dan weer als bestuurde trolleybus tot de „Volkshochschule" om vervolgens de tunnel in te duiken en als trolley-„Spurbus" tussen de trams over een afstand van 1,5 kilometer ondergronds te rijden. Bij de Viehoferplatz komt hij weer boven en rijdt dan als „gewone" dieselbus door tot de Berlinerplatz. Reizigers die ook de rest van de vroegere lijn 103 tot de Germaniaplatz willen afleggen kunnen hier overstappen op de tram.

Ook zijn er problemen met de aanleg van de tunnel in de richting van Altenessen, waardoor in 1992 de normaalsporige lijn U11 moet gaan rijden. Doordat de lagers niet modderbestendig bleken is de peperdure boormachine voor minstens een half jaar uitgeschakeld.

Op materieelgebied is slechts één aanwinst het vermelden waard. „Stadtbahn B"-motorrijtuig 5027 werd in 1979 kort na zijn aflevering naar Düsseldorf verkocht om daar als proefstel voor het toekomstige „Stadtbahn"-materieel te gaan dienen. Uiteindelijk is daar toch voor een wat modernere uitvoering gekozen en in maart 1988 keerde de gastarbeider in Essen terug om, nu als 5128, weer onder zijn soortgenoten te verkeren.

Mülheim

Sinds 1 maart 1988 rijdt lijn 112 alleen nog van Landwehr naar de Kaiserplatz en niet meer om en om naar de remise. Dit heeft te maken met de aflevering van de „Stadtbahn M"-zesassers 287-290, eind 1987, waardoor deze lijn nu geheel met tweerichtingmaterieel kan worden geëxploiteerd. Mede in verband hiermee verdwenen drie „Grossraum"-aanhangrijtuigen naar de sloper.

Op 13 juni 1988 werd een begin gemaakt met het doortrekken van de „Stadtbahn"-tunnel vanaf het Hauptbahnhof in de richting van Duisburg.

In verband hiermee sneuvelde op 7 juli 1988 de keerlus van de Duisburgse lijn 901 rond de „Kaufhof", ten gunste van een kopeindpunt in de Leineweberstrasse. Sindsdien kan hier alleen nog het nieuwe Duisburgse tweerichtingmaterieel komen.

Duisburg

De „Stadtbahn"-tunnels zijn weliswaar grotendeels gereed, maar het zal toch nog tot 1992 duren alvorens het eerste ondergrondse tramtraject in gebruik kan worden genomen. Niettemin werpen de gebeurtenissen nu al hun schaduwen vooruit. Omdat de toekomstige tunnel middenperrons krijgt (zoiets varieert van stad tot stad in het Ruhrgebied) en met niet, zoals in Zürich of Göteborg, de fantasie heeft om ondergronds links te gaan rijden, is de

Duisburg. Motorrijtuig 1077 werd als enige van het „Mannheimse type" in de nieuwe „Stadtbahn"-kleuren rood met wit geschilderd. Foto: Jan Jaap Carels.

Düsseldorf. Het Duisburgse motorrijtuig 4705 in dienst op lijn 705 van de Rheinbahn.

Duisburger Verkehrs-Gesellschaft nu al begonnen zich van de éénrichting-trams te ontdoen. Dit gelukte het eerst met het nieuwste materieel, de serie 1077-1093 van het laatste klassieke DUEWAG-type met de hoge voorruit. Deze werden, behalve aan Duisburg, alleen aan Mannheim en Augsburg geleverd. De stad Graz wordt de nieuwe eigenaar en kan op deze manier, na de aankopen uit Wuppertal, zijn wagenpark nu volledig – en bovendien op een zinvolle en betaalbare wijze – moderniseren. Nog in 1988 vertrokken de motorrijtuigen 1078 en 1079 naar Oostenrijk. Drie volgen in 1989 en de rest in 1990.

Intussen is ook nieuw materieel gearriveerd. In de loop van 1988 werd de tweede serie smalle „Stadtbahn N"-motorrijtuigen 1014-1025 afgeleverd. De reeds aanwezige uit 1962/1963 daterende 1019 en 1020 kregen om die reden de nummers 1246 en 1247 toebedeeld.

Met de bredere „Stadtbahn B"-motorrijtuigen 4701-4718 zit het bedrijf nogal in de maag. Zolang ze niet voor het verkeersleidingsysteem in de Düsseldorfse tunnels zijn geschikt mogen ze niet op lijn U79 rijden. Voor de stad zijn ze te breed, met uitzondering dan van het traject tussen Hauptbahnhof en Huckingen dat voor de scholierendiensten tijdens de spits twee motorrijtuigen werk verschaft.

Een aantal is aan de Rheinbahn uitgeleend geweest om aldaar op lijn 705 naar Neuss dienst te doen, maar sinds deze in augustus 1988 in de binnenstad van Düsseldorf ondergronds ging rijden is ook dit voorbij. Inmiddels is begonnen om de Duisburgse „Stadtbahn B" motorrijtuigen aan de Rheinbahn-normen aan te passen.

Krefeld

Na een lange periode van diepe stilte heerst thans in Krefeld weer grote activiteit. In januari 1988 is een begin gemaakt met de aanleg van een tramlijn in de richting van Willich die bij de halte Friedhöfe aftakt van de bestaande lijn 043. Tot 1962 werd dezelfde route bediend door lijn 8 en nog tien jaar later werd een kort restant tot de staalfabriek van Thyssen tijdens de spitsuren bereden. Dit laatste 1200 meter lange traject zal als eerste in mei 1989 weer in gebruik worden genomen, nu bediend door de vanaf het Hauptbahnhof door te trekken lijn 042. Wanneer de tram weer tot Willich gaat rijden blijft voorlopig onzeker, aangezien de inspraakprocedures nog in volle gang zijn.

Vervolgens komt dan lijn 041 aan de beurt. Deze wordt in het stadsdeel Fischeln over een afstand van enkele honderden meters verlengd tot de halte Grundend van lijn U76 van de Rheinische Bahngesellschaft.

Krefeld. Motorrijtuig 846 onderweg op lijn 043. Rechts takt de nieuwe tramlijn naar Willich af.

Tenslotte is er al jaren sprake van een verlenging van lijn 044 door het centrum van Hüls tot de markt. Hier ligt echter de plaatselijke middenstand dwars, die de lijn liever via het bestaande tracé van de Krefelder Eisenbahn ziet lopen.

In het licht van al deze uitbreidingsplannen blijft de materieelaanwas bescheiden. In de komende jaren zullen slechts vier „Stadtbahn M"-motorrijtuigen worden aangeschaft, die bovendien deels zijn bestemd om de laatste enkelgelede DUEWAG-motorrijtuigen te vervangen.

Düsseldorf

Na vele jaren van ijverig zwoegen is in de loop van 1988 het eerste tunneltraject onder de binnenstad in gebruik genomen. Dit gebeurde in twee gedeelten. Tijdens de eerste fase, op 7 mei, werd de bestaande tunnel onder de Kaiserstrasse op de nieuwe tunnel aangesloten. De tramlijnen 718 en 719, respectievelijk Messe/Stadion-Hauptbahnhof en Duisburg-Düsseldorf, gingen toen ondergronds doorrijden tot het Hauptbahnhof en kregen de nummers U78 en U79 toebedeeld. Lijn 711 Kaiserswerth-Jan Wellemplatz werd op dezelfde datum opgeheven ten gunste van een versterking van de dienst op lijn U79. Aangezien lijn U78, op enkele honderden meters na, nu geheel in tunnel of op eigen baan ligt kan bij belangrijke gebeurtenissen in het stadion met drie gekoppelde „Stadtbahn"-stellen worden gereden. Dit gebeurde voor het eerst op 10 juni 1988 tijdens een voetbalwedstrijd voor de Europacup.

In de tweede fase gingen ook de tramlijnen die van de Oberkassler Brücke gebruik maken ondergronds rijden. Dit gebeurde op 6 augustus 1988, waarbij de lijnen 705, 710, 717 en 76 waren betrokken. Hiervan behielden de lijnen 705, Oberbilk-Hauptbahnhof-Neuss, en 717, Oberkassel-Hauptbahnhof-Holthausen, hun nummer, aangezien ze weliswaar van de tunnel gebruik maken, maar daarnaast lange trajecten over straat afleggen en dus als pure tramlijn blijven gelden. Lijn 76, Düsseldorf Hauptbahnhof-Krefeld, werd U76, maar lijn 710 verdween. In de plaats daarvan kwam een spitsuurversterking van lijn U76 op het gedeelte Hauptbahnhof-Meerbusch/Hoterheide onder het lijnnummer U70. Sommige diensten rijden door naar Krefeld. Lijn U70 kan worden beschouwd als een exprestramlijn, omdat een aantal haltes van lijn U76 worden overgeslagen, wat drie minuten tijdsbesparing oplevert. De zuidoostelijke tak van lijn 710 naar Eller werd overgenomen door de spitsuurlijn 714, die nu de gehele dag is gaan rijden. De tunnellijnen U70, U76, U78 en U79, die aan het Hauptbahnhof eindigen, hebben aan de achterzijde van het station een groot aantal onder- en bovengrondse opstelsporen gekregen. In de toekomst zal de tunnel echter worden verlengd in de richting van Eller en Benrath.

Voor het bovengrondse railnet betekent de opening van de tunnel naar het Hauptbahnhof voorlopig nog slechts een onbeduidende reductie. Slechts de sporen in een gedeelte van de Bismarckstrasse en de Heinrich-Heine-Allee werden buiten dienst gesteld. Dit gebeurde reeds een week tevoren, op 1 augustus 1988, om in de tussentijd de nieuwe spoorverbindingen te kunnen maken. Op zondag 31 juli vond een groot afscheidsfeest plaats, waarbij de vloot van Düsseldorfse museumtrams tussen het Hauptbahnhof en Oberkassel pendelde. Nieuw hierbij was het in (bijna) originele staat teruggebrachte „Grossraum"-motorrijtuig 2014(ex-2109) met aanhangrijtuig 1609. Dit stel heeft ook de groene kleur gekregen die een aantal soortgenoten in het begin heeft gedragen.

De opening van de tunnel heeft ingrijpende gevolgen gehad voor het wagenpark. Omdat het brede „Stadtbahn B"-materieel nu voor het eerst volledig kan worden ingezet, hebben veel oudere trams het veld moeten ruimen. Dit gold in de eerste plaats voor de „Grossraum"-stellen die voor het laatst op 3 augustus 1988 in de normale dienst reden. Motorrijtuig 2113 met aanhangrijtuig 1807 reed echter van 27 augustus tot 21 oktober nog als „kunsttram" op

Düsseldorf. Het gedeelte van de Bismarckstrasse waar 31 juli 1988 voor het laatst trams reden. Ter gelegenheid van dit afscheid reed ook het museumstel 954 + 858.

Düsseldorf. Het in originele staat teruggebrachte ,,Grossraum"-stel 2014 + 1609.

Düsseldorf. „Grossraum"-stel 2109 + 1629 en tweerichting-achtasser 2267 voor het depot Derendorf.

de lijnen 706 en 704. Verder verdwenen alle aanhangrijtuigen, met uitzondering van de series 1205-1207 en 1633-1700. Ook voor de dubbelgelede tweerichtingmotorrijtuigen 2265-2269 zal het laatste uur wel spoedig slaan. De éénling 2151, ontstaan door verbouwing van het "Grossraum"-stel 2020 + 1604 tot gelede tram, ging reeds op 10 juni buiten dienst, maar keert wellicht terug als „partytram".

Daarentegen werd de aflevering van de „Stadtbahn"-serie 4257-4269 op 30 augustus voltooid. Een maand later werd begonnen met de aflevering van vier „Stadtbahn B"-stellen met restauratie-afdeling, genummerd 4101-4104. Deze zijn bestemd voor lijn U76 naar Krefeld, waarmee een traditie in ere wordt hersteld. Ook van 1924 tot 1953 kende deze lijn restauratierijtuigen. De vier „Stadtbahn"-stellen met restauratie die op lijn U79 rijden zijn eigendom van de Duisburger Verkehrs-Gesellschaft (4715-4718).

Verder is er voor het eerst sinds vele jaren weer serieus sprake van netuitbreiding. Het dichtst bij realisering is een aftakking van de Werstener Strasse naar de Universiteit. Deze zou in 1990 gereed moeten zijn.

Keulen. ,,Stadtbahn B''-motorrijtuig 2054 in het centrum van Frechen. Deze foto geeft duidelijk aan dat dit materieel beter geschikt is voor hoge perrons.

Keulen. De nieuwe ,,Stadtbahn''-motorrijtuigen 2201 + 2202 tijdens een proefrit in Hersel. Foto: Herman van 't Hoogerhuis.

Van opheffing van de tramlijn door de binnenstad van Neuss is geen sprake meer, sinds de Rheinische Bahngesellschaft heeft laten weten dat de tram dan helemaal uit Neuss verdwijnt. In plaats daarvan denkt men nu aan een – volstrekt overbodige – tunnel.

Keulen

Als volgende ondergrondse traject zal in de herfst van 1989 het 1,2 kilometer lange gedeelte Böckleplatz-Ehrenfeldgürtel in gebruik worden genomen. De drie haltes in deze tunnel, die voorlopig alleen door lijn 3 zal worden gebruikt, krijgen uitsluitend hoge perrons, zodat op deze lijn dan alleen nog „Stadtbahn"-materieel kan rijden. Om de verbouwing van het aansluitende traject naar Bocklemünd vlot te laten verlopen zal de tram hier van april 1989 tot het najaar van 1991 worden opgeheven. Van de thans op deze route verkerende lijnen 3 en 4 krijgt lijn 3 na de opening van eerdergenoemde tunnel een ondergronds kopeindpunt bij de Ehrenfeldergürtel, terwijl lijn 4 zolang bij het Rochusbad zal eindigen. Na 1991 is het de bedoeling dat lijn 4 van het huidige eindpunt in Bocklemünd naar het Görlinger Zentrum in deze stadswijk zal worden doorgetrokken.

Een nieuw tunnelproject is inmiddels al weer in aantocht. Ditmaal gaat het om het knooppunt Wiener Platz in het stadsdeel Mülheim. Indien de plannen op tijd gereed komen, kan hiermee na 1990 worden begonnen. Ook de aanleg van een zijtak van lijn 9 nabij Königsforst naar de nieuwe wijk Neu-Brück maakt weer kansen. Echte optimisten rekenen met een realisering in 1992.

In 1973 was Keulen de eerste stad die motorrijtuigen van het type „Stadtbahn B" aanschafte. Met een nieuwe bestelling wilde het bedrijf tegelijkertijd dit model een grondige verjongingskuur laten ondergaan. Twee gerenommeerde firma's, DUEWAG en Waggon-Union, kregen ieder een order voor tien stuks en moesten twee prototypen vooraf leveren. In november 1987 arriveerden de 2201 en 2202 van DUEWAG, in maart en juli 1988 gevolgd door de 2251 en 2252 van Waggon-Union.

Het meest opvallend is ongetwijfeld dat het semi-éénrichtingvoertuigen zijn geworden. Dat wil zeggen, er zijn wel aan twee zijden deuren maar er is slechts een stuurstand, wat per tram 350.000 Mark bespaart. Op drukke lijnen worden twee stellen staart-aan-staart gekoppeld, zodat kopeindpunten geen problemen vormen. Ook in het verborgene is er veel veranderd. Het nieuwe „Stadtbahn B"-materieel heeft draaistroommotoren en een door een microprocessor bestuurde elektronische schakeling gekregen. Hierdoor kan de rem-energie in de bovenleiding worden teruggevoerd, waarvan een energiebesparing met 25 procent wordt verwacht. Verder zijn er talloze kleinere verbeteringen aangebracht.

Ofschoon – in vergelijking met het in ontwikkeling zijnde type „Stadtbahn 2000" – de wijzigingen nog tamelijk beperkt zijn, is de indienststelling bepaald niet van een leien dakje gegaan. Na eindeloze proefritten is pas op 2 juni 1988 het DUEWAG-stel 2201/2202 in de normale dienst op lijn 16 gaan rijden. Wanneer dit met de 2251 en 2252 van Waggon-Union zou gebeuren was bij het ter perse gaan nog niet duidelijk, maar ook hier is de vertraging flink.

Nu 121 „Stadtbahn"-stellen zijn afgeleverd raken de oudste dubbelgelede DUEWAG-trams langzamerhand overcompleet. Op zoek naar kopers is het bedrijf gestoten op het in aanleg zijnde nieuwe trambedrijf van de Turkse stad Konya. Er is een voorlopig contract gesloten voor de levering van 16 trams uit de serie 3700, waarvan één exemplaar nog in 1988 op proef naar Turkije zou gaan.

Veel snoepreisjes richting Keulen werden rond 3 mei 1988 ondernomen, toen tien „Stadtbahn"-stellen van de namen en wapens van bevriende steden werden voorzien. Voor de doopplechtigheid werden glazen Keuls bier verspild.

Bonn

Sinds de invoering van het Verkehrsverbund Rhein-Sieg, op 1 september 1987, dragen de tramlijnen in Bonn lijnnummers in de serie 60. Dit is gedaan om administratieve verwarring met Keulen te voorkomen. De stadslijnen 1 en 2 zijn nu 61 en 62 geworden, en de interlokale lijnen 3, H en S hebben de nummers 63, 64 en 66 gekregen. Aan het zuidelijke eindpunt is lijn 66 op 22 mei 1988 via de route van lijn 64 verlengd van Ramersdorf tot Königswinter.

De „Stadtbahn"-activiteiten concentreren zich momenteel op twee plaatsen. Op 6 mei 1988 werd officieel een begin gemaakt met de tunnel in Bad Godesberg, waarvan de bouw lang door inspraakprocedures is tegengehouden. De aanleg geschiedt in twee gedeelten. Eerst komt het 1,7 kilometer lange stuk van Hochkreuz tot het DB-station Bad Godesberg aan de beurt. Dit moet in 1994 gereed zijn. Dan volgt nog een verlenging van 600 meter tot de Stadthalle.

Verder is de reconstructie van lijn 64 tot op „Stadtbahn"-niveau inmiddels tot Königswinter gevorderd. Op 1 augustus is het laatste enkelsporige traject tot Bad Honnef tijdelijk buiten dienst gesteld om ergens in 1989 als „Stadtbahn" terug te keren.

Bonn. Een klassiek „Grossraum"-stel op lijn 61 aan het eindpunt Rheindorf.

Bonn. Lijn 63 in Bad Godesberg, waar de tram in 1994 ondergronds zal gaan rijden.

Bonn. Lijn 64 aan het eindpunt Bad Honnef met zicht op de Drachenfels.

Brühl-Schwadorf. Bij wijze van experiment zal hier in 1990 automatisch treinverkeer worden ingevoerd.

De al jaren slepende plannen om lijn 61 naar Auerberg te verlengen zijn nu in het stadium geraakt waarin de onteigeningsprocedures kunnen worden aangespannen, zodat ergens rond 1990 met de aanleg kan worden begonnen. Verder moeten in het midden van de jaren negentig de stadslijnen 61 en 62 tussen de binnenstad en het Hauptbahnhof ondergronds gaan rijden. Tegen die tijd zal ook het uit 1957-1960 daterende wagenpark zijn vervangen.

Volledig nieuw in de plannen is de aanleg van een acht kilometer lange lijn van het Hauptbahnhof naar het stadsdeel Hardtberg, met een ondergronds gedeelte van twee kilometer.

Köln-Bonner Eisenbahn

Ondanks een verruiming van de rijtijden vormt het enkelsporige gedeelte Dransdorf – Brühl van de Vorgebirgsbahn (lijn 18) nog steeds een bron van vertraging. Uiteindelijk is daarom besloten dit traject dubbelsporig te maken. In 1989 wordt hiermee begonnen en men denkt er vijf jaar voor nodig te hebben.

Het gedeelte Schwadorf-Alfter van dezelfde lijn wordt voor veel geld geschikt gemaakt voor automatisch treinverkeer. Vanaf 1990 kunnen de trams hier rijden zonder dat bestuurder zich ermee behoeft te bemoeien. Het wordt de eerste bovengrondse lijn met gelijkvloerse kruisingen waarop dit systeem wordt uitgeprobeerd en de bevolking is er alles behalve gelukkig mee. De kosten, zo'n 30 miljoen mark, zullen door het Ministerie van Wetenschap worden gedragen.

Midden-Duitsland

Mainz

Van de vier uit Bielefeld overgenomen motorrijtuigen van het type „Stadtbahn M" werd de 278 (ex-502) als eerste op 26 januari 1988 in dienst gesteld. Op 10 mei volgde de 501 als 277. Onmiddellijk daarna gingen de laatste „Grossraum"-vierassers 209 en 210 (ex-Aken, oorspronkelijk Mönchen-Gladbach) buiten dienst. Ze staan nog steeds te koop.

Met de aanleg van het korte zijtakje naar Hechtsheim, Am Mühldreieck gaat het intussen niet goed. Een van de grondeigenaren ligt dwars en het zou daardoor wel eens 1990 kunnen worden voordat het in gebruik kan worden genomen. Intussen ligt het grootste gedeelte van dit traject al gereed.

Darmstadt

Op 1 januari 1988 beschikte de Hessische Elektrizitäts A.G., die de tram in Darmstadt exploiteert, nog steeds over 8 twee-assige motorrijtuigen en 16 dito aanhangrijtuigen voor de normale reizigersdienst.

Dit is een voor praktisch heel West-Europa unieke situatie waar het bedrijf graag vanaf wil. Om in ieder geval het aanhangwagenpark te kunnen moderniseren werden in november 1987 acht „Grossraum"-vierassers met de nummers 783-791, minus 790, uit Bielefeld overgenomen. Voor het rijden in Darmstadt hebben de tot 171-178 vernummerde voertuigen enkele aanpassingen moeten ondergaan, die wegens gebrek aan werkplaatscapaciteit voor een deel in Mannheim zijn uitgevoerd. Op 26 mei 1988 verscheen de 174 als eerste in de normale dienst.

Het is de bedoeling dat op langere termijn vier twee-assige aanhangrijtuigen als reserve worden gehandhaafd, twee stuks met bekerkoppeling om achter twee-assige motorrijtuigen dienst te kunnen doen en twee met „kompakt"-koppeling die bij de gelede motorrijtuigen passen.

Om ook de laatste twee-assige motorrijtuigen en de „Remscheiders" 62-64, 66 buiten dienst te kunnen stellen zullen nog eens zes dubbelgelede trams worden aangeschaft.

Frankfurt

Na de opwinding van 1986, toen het erom spande of na de opening van de „U-Bahn"-lijnen U6 en U7 ook nog een tram door de binnenstad zou blijven rijden en de plaatselijke overheid het glansrijk tegen het „Bürgerbegehren" moest afleggen, lijkt het alsof het openbaar vervoer weer in rustiger vaarwater is teruggekeerd. Dit is echter maar schijn, omdat de toekomst van zowel de „U-Bahn" als de tram met zeer veel onzekerheid is omringd. Voor de tram geldt nog steeds als officieel standpunt dat deze ergens na 2010 verdwenen moet zijn, maar tegelijkertijd zijn „U-Bahnplannen" op de tocht komen te staan doordat de bezuiniging ook hier heeft toegeslagen. Met name de mededeling dat de exploitatiekosten van een „U-Bahn"-station alleen al een half miljoen mark per jaar bedragen, waarbij tweederde voor rekening van de roltrappen komt, heeft velen aan het denken gezet.

Op het moment bestaat het „U-Bahn"-net in Frankfurt uit drie stamtrajecten

*Mainz. Ex-Bielefelder 277 in dienst op lijn 10 voor het Hauptbahnhof. Foto:
Karel Hoorn.*

*Darmstadt. Twee-assig aanhangrijtuig achter een geleed motorrijtuig op de
Luisenplatz. Foto: Karel Hoorn.*

Darmstadt. De eerste ex-Bielefelder 174 achter motorrijtuig 7606 onderweg op lijn 9. Foto: Jan Jaap Carels.

Frankfurt. Sinds 11 oktober 1987 rijdt alleen lijn 11 nog door de binnenstad.

waarover zeven lijnen rijden. Over de (oudste) „A-Strecke" rijden de lijnen U1, U2 en U3, die met breed materieel worden geëxploiteerd dat zowel voor hoge als lage perrons geschikt is (type U2). De „B-Strecke" is het domein van lijn U4. Hierop rijdt breed materieel met deuren alleen voor hoge perrons (type U3). In het station Konstabler Wache takt lijn U5 af. Dit is echter geen echte „U-Bahn", omdat hij slechts enkele honderden meters ondergronds rijdt en verder als een gewone tram zijn weg door de straat vervolgt. Er worden tweerichtingtrams op ingezet, met aangepaste deuren die ook op perronhoogte kunnen worden geopend (type Pt). Ditzelfde materieel rijdt ook op de „C-Strecke" (lijnen U6 en U7), maar dit is slechts als overgangsmaatregel bedoeld. Op den duur moet er breed (U3) materieel gaan rijden en langs de perrons is zolang een balk aangebracht om een veilige instap in de smallere trams te waarborgen.

Alleen op papier bestaat tenslotte nog een „D-Strecke", die van Ginnheim via het Hauptbahnhof en een tweede Maintunnel naar Niederrad moet gaan lopen. Bij het bestaande net zijn verder een aantal verlengingen gepland of reeds in uitvoering, met name van lijn U1 naar het Südfriedhof en Neu-Isenburg, U4 naar Höchst, U6 naar Enkheim en U7 naar Mainkur.

Dit was de situatie tot 1988, maar inmiddels is daar het nodige in geschrapt. De lijn naar Enkheim, die reeds in aanleg is, zal er in 1992 wel komen en hetzelfde geldt voor de doortrekking van de „A-tunnel" naar het Südfriedhof. Op de verlenging van lijn U7 ondergronds tot Mainkur is daarentegen al flink beknot. De tunnel zal nu eindigen bij het Ostbahnhof en vandaar rijdt de U7 via de bestaande tramlijn 14 door tot Fechenheim. Ook de tunnel in de richting van Höchst wordt korter dan gepland. Deze zal nu eindigen bij de Galluswarte. In plaats van lijn U4 komt hier een verlenging van lijn U5 te rijden.

Het hardst treft de bezuiniging de geplande „D-tunnel". Deze wordt nu alleen tussen het Hauptbahnhof en de Bockenheimer Warte aangelegd als een verlengstuk van lijn U4. De rest blijft tram.

In de praktijk komt het erop neer dat twee „U-Bahn"-lijnen, U5 en U7, tot in de verre toekomst met trammaterieel zullen blijven rijden en dat bovendien, anders dan tot nu toe, smalle trams (2,35 m) en brede „U-Bahn"-stellen (2,65 m) langs dezelfde perrons zullen gaan stoppen, een kluif voor de technici.

Het betekent ook dat in ieder geval enkele bovengrondse tramlijnen het tot ver in de volgende eeuw zullen moeten uithouden, met als gevolg dat in het midden van de jaren negentig een materieelprobleem komt opdagen.

Nog in het begin van 1988 voorzagen de plannen in de aanschaf van 50 „U-

Frankfurt. ,,Grossraum"-stellen zijn nog dagelijks op lijn 21 te vinden.

Ludwigshafen. Het nog in vrijwel originele staat verkerende motorrijtuig 123 op lijn 49 in het stadsdeel Luitpoldhafen. Foto: Karel Hoorn.

Bahn"-stellen van het type U3, waarna de op de lijnen U6 en U7 ingezette trams van het type Pt weer naar het bovengrondse net zouden kunnen terugkeren. Volgens de gewijzigde opzet zullen echter nog slechts 15 „U-bahn"-stellen worden aangeschaft en zal binnen nu en vijf jaar een ernstig gebrek aan trammaterieel ontstaan. Hoe dat zal worden opgelost moet de toekomst leren, maar inmiddels is duidelijk dat niet bij voorbaat is uitgesloten dat de komende generatie lage-vloertrams ook in Frankfurt zijn opwachting zal maken. Dit is een heel ander geluid dan enkele jaren geleden nog klonk en de lokale overheid is er dan ook verre van gelukkig mee. Deze probeert daarom alsnog, via het binnenhalen van de Olympische Spelen, het oorspronkelijk geprojecteerde „U-Bahn"-net volledig uitgevoerd te krijgen.

Ook op dit moment is de materieelpositie bij de tram al uiterst gespannen, met als gevolg dat de vierassige „Grossraum"-stellen nog dagelijks op de baan komen en wellicht hun veertigjarig jubileum zullen halen. Materieeltechnisch het interessantst is lijn 21 naar Schwanheim waar vier van de vijf in Frankfurt ingezette tramtypen zijn te vinden. Bovendien bevindt zich aan het eindpunt het interessante trammuseum.

Mannheim/Ludwigshafen

De plannen voor een „Spurbus"-lijn naar de Mannheimse woonwijk Gartenstadt vallen niet in goede aarde bij de toekomstige gebruikers. Met name het idee van het gemeentebestuur om met een hoge delegatie naar Adelaide in Australië te reizen, waar een soortgelijke lijn in dienst is, ontmoette heftige protesten, omdat de Australiërs hun kennis in Essen hadden opgedaan.

Nu duidelijk is geworden dat zowel in Mannheim als Ludwigshafen het huidige wagenpark pas vanaf 1995 door nieuwe trams van het type „Stadtbahn 2000" kan worden afgelost, is in beide steden begonnen met een grondige renovatie van het deels al dertig jaar oude materieel. Toch zijn enkele van de slechtste exemplaren in het afgelopen jaar gesloopt. In Mannheim betrof dat motorrijtuig 322 en in Ludwigshafen de 105, 111 en 115.

Rhein-Haardtbahn

Deze interlokale tramlijn van Mannheim naar Bad Dürkheim is voor 94% eigendom van de stad Ludwigshafen, een situatie die zich ook in het materieel weerspiegelde. Slechts twee tramstellen waren eigendom van het bedrijf, de andere 12 motorrijtuigen en 8 aanhangrijtuigen stonden geboekt bij de Verkehrsbetriebe Ludwigshafen. Sinds 1 februari 1988 is daar verandering in

Mannheim. Slijpmotorwagen 1313 stamt oorspronkelijk uit Stuttgart. Foto: Ben Loos.
Rhein-Haardtbahn. De combinatie van geleed motorrijtuig 1017 en geleed aanhangrijtuig 1057 gefotografeerd in Ellerstadt.

OEG. Motorrijtuig 104 pauzeert naast de 45 jaar oudere „Halbzug" 47/48 tijdens een excursie in Heddesheim. Foto: Ben Loos.

gekomen. Op die datum deed Ludwigshafen voor de som van 480.000 mark drie enkelgelede motorrijtuigen, drie dito aanhangrijtuigen en twee twaalfassige motorrijtuigen over aan de Rhein-Haardtbahn. Het betrof de nummers 1013+1053, 1014+1054, 1015+1055, 1021 en 1022.

Verder werd het wagenpark aan de ruime kant geacht, niet geheel ten onrechte want gedurende het grootste deel van de dag zijn er slechts drie stellen onderweg. Vandaar dat de vier oudste enkelgelede combinaties in 1988 zonder vervanging naar de sloper konden verdwijnen. Het betreft de „eigen" 1123+1217 en 1124+1218 en de motor- en aanhangrijtuigen 1011+1051 en 1012+1052 van de Verkehrsbetriebe Ludwigshafen.

Na deze sanering zijn de overgebleven tien motor- en zes aanhangrijtuigen gelijkelijk over de twee bedrijven verdeeld.

Oberrheinische Eisenbahn Gesellschaft

De zes bijbestelde dubbelgelede motorrijtuigen zullen eind 1988 of begin 1989 worden afgeleverd. Voor de hierdoor overbodig wordende vierassige motorrijtuigen 71-77 (Rastatters), schijnt het Oostenrijkse bedrijf Stern & Hafferl zich als gegadigde te hebben aangemeld.

Bij de Deutsche Bundesbahn leven plannen om de lokaalspoorlijn Weinheim-Fürth im Odenwald aan de OEG over te doen. Deze zou de lijn dan op meterspoor moeten versmallen en elektrificeren. Als argument geldt dat de OEG uit een andere (en ruimere) subsidiepot eet.

Heidelberg

De verlenging van de lijnen 1 en 4 over een afstand van 320 meter van het Bunsengymnasium naar de Blumenthalstrasse-West heeft, met ettelijke maanden vertraging, op 30 oktober 1988 zijn beslag gekregen.

Het Zuiden

Karlsruhe/Abtalbahn

Na een aantal aanpassingen, met name het verder uit elkaar leggen van de sporen, wordt lijn 2 sinds 14 december 1987 met het 2,65 meter „Stadtbahn"-materieel geëxploiteerd. Tijdens de spitsuren wordt ook met gekoppelde stellen gereden.

Karlsruhe. Sinds eind 1987 wordt lijn 2 met „Stadtbahn"-materieel geëxploiteerd. Foto: Karel Hoorn.

Karlsruhe. De laatste afgeleverde „Stadtbahn"-motorrijtuigen ontvingen een speciale beschildering ter gelegenheid van de „Landesgartenschau" Hier motorrijtuig 540 aan het eindpunt Leopoldhafen Nord. Foto: Ben Loos.

In verband met deze activiteitsuitbreiding arriveerden in de loop van 1987 de „Stadtbahn"-motorrijtuigen 521-540. Onmiddellijk daarna werd opnieuw een serie van tien besteld, die in de loop van 1989 onder de nummers 541-550 zullen worden afgeleverd. De eerste vijf worden – evenals hun voorgangers – enkelgeleed, maar de rest wordt als achtasser uitgevoerd, met een lengte van maar liefst 37 meter. (Ter vergelijking: een 3000 van de HTM is 26,5 m lang!) De middenbak zou bijzonder luxe worden ingericht, met onder andere airconditioning.

Behalve voor het nog steeds stijgende vervoer (in 1987 met 7,1 procent) is het nieuwe materieel ook nodig voor de verlenging van de „Hardtbahn" in het voorjaar van 1989, over een afstand van 4 kilometer van Leopoldshafen naar Linkenheim-Hochstetten. Bij de halte Leopoldshafen-Nordt zal bovendien een twee kilometer lange zijlijn aftakken, die via een bestaande goederenaccordement een instituut voor atoomonderzoek gaat bedienen. Het aldaar werkende personeel krijgt op deze manier een eigen tramverbinding, die bovendien geen extra materieel kost omdat ze tegen de hoofd-verkeersstroom tijdens de spitsuren inreizen.

Waarschijnlijk voor 1991 staat dan de opening van de doorgaande verbinding Karlsruhe Centrum-Bretten op het programma, die met „Stadtbahn"-materieel zal worden geëxploiteerd. Tot Durlach wordt via de met 750 volt gelijkspanning uitgeruste tramlijn 2 gereden en verder tot Bretten over de met 15 kilovolt wisselspanning geëlektrificeerde DB-spoorlijn. Voor deze exploitatie zullen tien dubbelgelede éénrichtingmotorrijtuigen worden aangeschaft, die voor beide stroomsystemen geschikt zijn.

Minder ver is het met de plannen om ook met „Stadtbahn"-materieel over de niet-geëlektrificeerde DB-spoorlijn van Knielingen tot Wörth te gaan rijden. Dit zou met behulp van accu's moeten gaan gebeuren en in verband daarmee is het voorste deel van het enkelgelede motorrijtuig 151 tot een vierassige accu-aanhangwagen omgebouwd. De energiebron wordt door BBC in Mannheim geleverd. In de loop van 1989 hoopt men met de combinatie van „Stadtbahn"-motorrijtuig en accu-aanhangwagen de nodige bedrijfservaring op te doen. Het idee is in ieder geval absoluut niet nieuw. Soortgelijke combinaties reden op het eind van de vorige en in het begin van deze eeuw in een aantal steden waar men uit esthetische overwegingen geen bovenleiding in de binnenstad wilde toelaten. Een bekend voorbeeld was Hannover.

Tegenover al deze vernieuwingsdrift staat ook het verdwijnen van een materieeltype. Op 1 april 1988 werden alle nog aanwezige ex-Dortmunders, de

Karlsruhe. Een van de drie KSW's die bewaard blijven voor lijnonderbrekingen. Foto: Erik Swierstra.

Freiburg. „Partytram" 74 in het depot aan de Komturstrasse. Daarachter enkele „Stuttgarters". Foto: Karel Hoorn.

motorrijtuigen 216 en 218-220 buiten dienst gesteld. De tot éénrichtingtram verbouwde 221, 223-225 werden reeds sinds april 1987 niet meer gebruikt. Wanneer nu nog, bijvoorbeeld bij onderbrekingen, tweerichtingmotorrijtuigen nodig zijn, zal weer een beroep moeten worden gedaan op de twee-assige „Kriegsstrassenbahnwagen" (KSW's) 81-83, waar het bedrijf uit nostalgische overwegingen geen afstand van wil doen. „Grossraum"-motorrijtuig 90 (ex-134) is tot „partytram" verbouwd. Het werkwagennummer dankt dit voertuig aan het feit dat het 's winters ook als ijzelkrabber wordt gebruikt.

Freiburg

Eind 1988 is een begin gemaakt met de verlenging van lijn 5 van het huidige eindpunt Bissierstrasse naar de Munzinger Strasse, waar naast de bestaande busgarage, een nieuwe tramremise annex centrale werkplaats en hoofdkantoor zal verrijzen. In 1992 moet dit complex gereed zijn, waarna meteen wordt doorgegaan met het traject naar de Johanneskirche, waar een verbinding komt met de bestaande lijn naar Günterstal. Rond de eeuwwisseling volgt dan nog een tak in zuidelijke richting naar het toekomstige Hauptfriedhof St. Georgen.

Voor de exploitatie van deze nieuwe trajekten en de vervanging van de slechts als overbrugging aangeschafte tweedehands Stuttgarters, zijn in september 1988 elf dubbelgelede motorrijtuigen bij DUEWAG besteld, die in wezen identiek zijn aan de huidige serie 205-214. Vier worden in 1990 geleverd, de rest in 1992-1994. Voor de trams die daarna als vervanging van de „Esslingers" 104-122 en de „Sputniks" 101-103 zullen moeten worden aangeschaft lonkt men naar het lagevloertype van MAN.

In december 1987 arriveerden uit Stuttgart de motorrijtuigen 696 en 730. Deze zijn in de loop van 1988 onder de nummers 160 en 159 in dienst gesteld. Ze zijn niet als aanvulling van het wagenpark bedoeld, maar als vervanging van de soortgenoten 152 en 158. Het trambedrijf had namelijk uitgerekend dat een tweedehands tram in Stuttgart kopen veel voordeliger is dan eenzelfde exemplaar een grote herstelling geven...

Op de Stuttgarters na, die hun gele kleur hebben gehouden, zijn alle trams nu rood/wit geschilderd, met uitzondering van „Sputnik" 102. Deze blijft uit nostalgische overwegingen crème en behoudt ook zijn enkelvoudige koplamp.

Stuttgart

Het patroon voor de komende jaren begint zich nu duidelijk af te tekenen. In aansluiting op de drie bestaande „Stadtbahn"-lijnen U1, U3 en U14 zal in het

Freiburg. Originele „Sputnik" 102, met daarnaast de gemoderniseerde 101.
Foto: Karel Hoorn.

Stuttgart. Lijn 6 berijdt al sinds 26 september 1987 metersporig het nieuwe
traject langs de Neue Weinsteige. Foto: Ben Loos.

najaar van 1989 lijn U9 normaalsporig tussen Hedelfingen en Vogelsang gaan rijden. Het overblijvende stuk Vogelsang-Botnang volgt in 1993 en wordt in de tussenliggende tijd door de metersporige tramlijn 4 uit de richting van Obertürkheim bediend.

Dan blijft het enige tijd rustig tot de winterdienst van 1990, wanneer de belangrijke noordzuidas via de Neue Weinsteige normaalsporig wordt. Hierover gaan de lijnen U6, Feuerbach-Möhringen-Vaihingen, en U15, Freiberg-Möhringen-Leinfelden, rijden. De uitloper Feuerbach-Gerlingen wordt overgenomen door de metersporige tramlijn 13, die hier ook blijft rijden als in 1993 de U6 tot Giebel wordt verlengd. Het trajekt Leinfelden-Echterdingen wordt daarentegen in 1990 opgeheven. In de plaats daarvan komt een ,,S-Bahn''-lijn van de DB.

Vanaf 1990 is de normaalsporige ,,Stadtbahn'' qua lengte definitief in de meerderheid en de metersporige tram op de terugtocht. Tegen de zomer van 1993 moet lijn U7 van Degerloch naar Killesberg gaan rijden, in verband met de aldaar te houden ,,Gartenschau''. Dit wordt het eerste ,,Stadtbahn''-traject dat niet rechtstreeks een tramlijn vervangt, al reed er tot 8 april 1976 een lijn 10 naar Killesberg. In de andere richting moet de U7 in 1994/1995 tot Heumaden worden doorgetrokken. Rond diezelfde tijd wordt ook tramlijn 4 in ,,Stadtbahn'' U4 omgezet, waarbij het lijngedeelte Untertürkheim-Obertürkheim zal komen te vervallen.

Vanaf dat moment zijn er nog drie metersporige tramlijnen over:

2. Obere Ziegelei-Hölderlinplatz
5. Stammheim-Fernsehturm (aan de lijn naar Heumaden)
13. Hedelfingen-Gerlingen

Hiervan zou lijn 5 eventueel nog kunnen sneuvelen, maar het voortbestaan van de andere twee schijnt ook op lange termijn te zijn verzekerd. Verder zijn er, behalve de lijn naar Killesberg, nog enkele uitbreidingen van het normaalsporige ,,Stadtbahn''-net gepland, met name U15 van Freiburg naar Mönchfeld, U14 van Mülhausen naar Neckargröningen en U7 van Heumaden naar Ostfildern. Op het moment dat dit is gerealiseerd schrijven we echter de volgende eeuw.

Grote gebeurtenissen werpen hun schaduw vooruit en zo kon reeds op 24 september 1988 een kort van lijn U1 aftakkend normaalsporig traject naar de Canstatter Wasen in gebruik worden genomen. Hierdoor konden de bezoekers aan het twee weken durende en ongetwijfeld met veel alcohol besproeide ,,Cannstatter Volksfest'' voor het eerst normaalsporig worden aan- en afge-

Stuttgart. Tot de indrukwekkende verzameling historisch materieel behoort ook het tramstel 418 + 1241, hier gefotografeerd in Feuerbach. Foto: Ben Loos.

voerd. Later zal deze zijtak nog tot het Neckarstadion worden verlengd.

Ook het gedeelte Möhringen-Degerloch is al gereed voor „Stadtbahn"-verkeer. Hier wordt voorlopig alleen nog proefgereden.

Op materieelgebied blijft het voorlopig een komen van normaalsporig en gaan van metersporig materieel. In juli 1988 is een begin gemaakt met de aflevering van een serie van negen „Stadtbahn"-stellen die zijn bestemd voor de lijn Hedelfingen-Vogelsang. Het eerste stel 3087/3088 had tevoren nog op de Internationale Verkehrs-Ausstellung (IVA) in Hamburg gestaan. Meteen aansluitend volgen nog eens 32 stellen. Deze krijgen geen klaptreden meer, aangezien de lijnen U6 en U15 uitsluitend van hoge perrons worden voorzien. Met het metersporige materieel gaat het minder goed. Van de ooit 350 gelede vierassers van het type „Esslingen" waren er eind 1988 nog 242 in dienst. Aan Freiburg en Ulm konden in totaal 23 stuks worden verkocht; de rest is gesloopt of staat op de nominatie.

Anderzijds zijn 50 stuks uitverkoren om de volgende eeuw nog mee te maken

130

ten behoeve van de metersporige tramlijnen die ook na 1995 nog zullen blijven bestaan. Met veel vertraging kwam in mei 1988 de praktisch geheel herbouwde 410 gereed. In welk tempo de rest zal volgen blijft overigens nog even de vraag. De gereconstrueerde trams krijgen hetzelfde kleurenschema als het „Stadtbahn"-materieel.

Ulm

De modernisering bij het kleinste trambedrijf van de Bondsrepubliek gaat onverdroten voort. In januari 1988 waren na precies twee jaar ombouwen alle vierassige motorrijtuigen 1-10 door tweedehands gelede trams uit Stuttgart vervangen. Als laatste kwam de Stuttgartse 671 als de nieuwe (vijfde!) 1 in dienst. De oude 1 leeft overigens voort als museumtram 14.

Toen liet men het oog vallen op de motorrijtuigen 11-13, oorspronkelijk aangeschaft door de Reutlinger Strassenbahn en na de opheffing in 1974 overgedaan aan Stuttgart. Daar hebben ze zo'n acht jaar staan roesten alvorens Ulm er belangstelling voor toonde en ze in 1982 en 1983 met veel moeite weer rijvaardig maakte. Oorspronkelijk leken ze best te voldoen, echter na de komst

Ulm. Het kleine trambedrijfje beschikt over een indrukwekkende hoeveelheid werkmaterieel. Slijpwagen A1, Sneeuwploeg A2 en rangeer- en tevens museummotorwagen 5 (alias 15) staan voor de remise. Foto: Karel Hoorn.

van de even oude, maar beter onderhouden Stuttgarters braken de klachten los. Ze zouden te traag zijn en te veel defecten vertonen. Zo doken in december 1987 plotseling de Stuttgartse motorrijtuigen 672, 675 en 677 op om de Reutlingers te gaan vervangen, hetgeen inmiddels is gebeurd.

Ook is automatisch een eind gekomen aan het rijden met aanhangrijtuigen, aangezien alleen de eigen vierassers en de Reutlingers hiervoor waren uitgerust. De laatste bijwagen die een rit in Ulm maakte was de 25 (achter motorrijtuig 1) op 22 oktober 1987.

Augsburg

Al vele jaren stonden er uitbreidingsplannen voor het uit drie lijnen bestaande Augsburgse tramnet op papier zonder dat er in de praktijk iets gebeurde. Na eindelijk wegens het niet nakomen van afspraken door de deelregering van Schwaben op de vingers te zijn getikt zit er nu weer enige beweging in. De beste kans op spoedige verwezenlijking lijkt een lijn naar het universiteits-complex te maken. Optimisten rekenen erop dat hiermee in 1990 kan worden begonnen. Over de te volgen route zijn de diverse instanties het nog aller-minst eens, wel over het lijnnummer. Tot 1952 reed in dezelfde omgeving een lijn 3.

Augsburg. Het belangrijkste tramknooppunt is de Königsplatz, waar drie lij-nen samenkomen.

München

Voor het gehele openbaar vervoer in de Beierse hoofdstad was 1988 een belangrijk jaar. Ten eerste werden liefst drie nieuwe „U-Bahn"-trajecten in dienst gesteld. In het westen werd op 24 maart lijn U5 over een afstand van 1,8 kilometer verlengd van de Westendstrasse naar de Laimerplatz. De grote klapper volgde op 27 oktober toen in het oosten van de stad maar liefst 7,7 kilometer nieuwe metrolijn aan het net werd toegevoegd. Het betrof de trajecten Odeonsplatz-Max Weberplatz-Innsbrucker Ring en Max Weberplatz-Arabellapark. Over het eerstgenoemde traject is lijn U5 doorgetrokken naar Neuperlach Süd. Het tweede wordt bereden door een nieuwe lijn U4, die als zodanig U9 opvolgt. Ook werd op 28 oktober lijn U8 tot U2 vernummerd.

Hieruit kan worden geconcludeerd dat München het in principe bij zes „U-Bahn"-lijnen (U1-U6) wil laten en dat het basisnet hiermee is voltooid, vijftig jaar nadat de Führer zelf op 22 mei 1938 de eerste paal had geheid. Wel moet er eerlijkheidshalve bij worden gezegd dat gedurende de helft van die periode (tussen 1941 en 1965) het werk heeft stilgelegen om redenen die wij allemaal wel kennen.

Voor de nabije toekomst zijn nog wel enkele uitbreidingen gepland.

In volgorde zijn dit:

U3 van de Implerstrasse naar Fürstenried Ost (1989) en vandaar naar Fürstenried West (1992).

U2 van de Scheidplatz naar Hasenbergl (ca. 1995) en verder naar Feldmaching.

U6 van Hobzapfelkreuth naar Klinikum Grosshadern (ca. 1995).

U1 van de Rothkreuthplatz naar Moosach of, alternatief naar het Olympiazentrum en dan U3 van het Olympiazentrum naar Moosach.

Ook voor de tram was 1988 een belangrijk jaar, al blijft het tempo waarin de ontwikkelingen zich voltrekken ver achter bij de ondergrondse aktiviteiten. Ondanks de opening van bijna tien kilometer nieuwe „U-Bahn" bleef het tramnet ongeschonden. Wel werd op 28 oktober 1988 de oostelijke tak van lijn 27 naar Steinhausen opgeheven, maar deze zou na een jaar weer terugkeren als de Maximiliansbrücke is hersteld. Het voorlopige eindpunt is nu de Sendlinger Tor, maar tijdens de spitsuren wordt via lijn 20 doorgereden naar de Hanauer Strasse.

Minder goed is het gesteld met de terugkeer van de noordelijke tak van de in 1983 opgeheven lijn 17, tussen het Hauptbahnhof en de Romanplatz. Dit was indertijd door burgemeester Kronawitter tijdens zijn verkiezingscampagne

München. Omdat hij als enige de stadsgrens overschrijdt, verkeert de lange lijn 25 naar Grünwald al jaren in de gevarenzone. Foto: Andreas Mausolf.

toegezegd, maar instanties onder hem hebben niets nagelaten om moeilijkheden in de weg te leggen. Hetzelfde geldt in versterkte mate voor ooit geopperde uitbreidingsplannen, met name een westtangent tussen de Romanplatz en Fürstenried die al het lijnnummer 6 heeft toebedacht gekregen. Het blijft wachten op het definitieve tramplan dat in het voorjaar van 1989 is toegezegd.

Verheugend zijn de ontwikkelingen op materieelgebied. Na eindeloze vertragingsmanoeuvres zijn medio 1988 bij de firma MAN in Neurenberg drie prototypen voor een nieuwe generatie trams besteld. De keuze is gevallen op een dubbelgelede lage-vloertram met drie draaistellen, van hetzelfde type als voor Bremen in ontwikkeling is. Deze parallel heeft niets nieuws, want ook de laatste, in 1967/1968 geleverde enkelgelede motor- en aanhangrijtuigen van het type P-p waren van dezelfde constructie als al sinds een aantal jaren in Bremen reed.

Een saillant detail bij de nieuwe trams wordt de afsluitbare binnendeur halverwege. Hierdoor kan het achterste deel op stille uren ('s avonds) worden afgesloten, zodat reizigers met bijbedoelingen beter in de gaten kunnen worden gehouden. Het is de bedoeling dat de drie prototypen in de loop van 1990 worden geleverd, waarna bij succes tot een seriebestelling van 80 tot 140 stuks zal worden overgegaan. Dit hangt mede af van de omvang waarin het huidige tramnet gehandhaafd blijft, dan wel wordt uitgebreid.

Een en ander betekent vrijwel zeker dat een aantal van de drie-assers die thans de dienst uitmaken het jaar 2000 zal halen, iets wat nauwelijks iemand had durven voorspellen. Behalve in München en Augsburg zijn trams op drie-assige onderstellen alleen nog in zeer beperkte aantallen in Basel (als aanhangrijtuig) en Bex in de normale dienst te vinden. Niettemin daalt ook in München het aantal langzaam. In 1988 sneuvelden de 2449, 2450, 2463 en 2485. Er zijn thans nog ongeveer 150 combinaties van motor- en aanhangrijtuig over.

Neurenberg

Ook in Neurenberg viel in 1988 een uitbreiding van het ,,U-Bahn''-net te vieren. Op 24 september werd de verlenging van lijn U2 tussen Plärrer en het Hauptbahnhof in gebruik genomen, een afstand van 1,3 kilometer. Inmiddels is reeds een begin gemaakt met een verdere verlenging in noordelijke richting van het Hauptbahnhof naar de Rathenauplatz. Eind 1990 moet lijn U2 hier gaan rijden.

Hoe het daarna verder gaat is nog allerminst zeker. De wensdroom van het bedrijf is dat lijn U2 in 1998 het definitieve eindpunt Flughafen bereikt, maar de financiën reiken voorlopig niet verder dan tot het Nordostbahnhof. In dit kader is de totstandkoming van de geplande lijn U3 al helemaal speculatief. In de loop van 1989 zal het besluit vallen hoe het vervoernet in Neurenberg er in de toekomst uit komt te zien en of er daarin nog plaats is voor de tram.

Door de opening van de eerste ,,S-Bahn''-lijn naar Lauf, op 26 september 1987, heeft het vervoer op de tramlijnen 3 en 13 een flinke veer moeten laten. In plaats van iedere 7,5 minuut, wordt nog slechts om de 10 minuten gereden. Als compensatie verscheen een spitsuurlijn 14 tussen het Hauptbahnhof en het Nordostbahnhof. Een groot succes is het niet geworden. Nog geen maand later verdween de lijn weer. De trams en het personeel waren hard nodig om vertragingen op andere lijnen op te vangen.

Bezoekers op een open dag in oktober 1987 konden motorrijtuig 231 en aanhangrijtuig 1509 geheel gereviseerd en in roodwitte beschildering aantreffen, gereed om naar de Turkse stad Konya te worden verzonden. Nu deze verkoop niet doorgaat (er is voor achtassers uit Keulen gekozen) zit Neurenberg met 16 ,,Grossraum''-stellen in zijn maag.

Würzburg

De aanleg van de nieuwe lijn 5 naar Heuchelhof vordert goed en alles wijst erop dat deze in de herfst van 1989 in gebruik kan worden genomen. De eerste twee van de 14 speciaal voor deze lijn ontworpen achtassers met lage instap worden in december 1988 in Würzburg verwacht.

Het ooit wat sukkelende trambedrijf beleeft duidelijk een tijdperk van nieuw elan. Op diverse plaatsen is vrije trambaan aangelegd en de grotendeels enkelsporige lijn 3 naar Heidingsfeld Ost is, op het laatste stukje na, in de loop van 1987/1988 dubbelsporig gemaakt. Voor de periode na 1995 zijn fikse uitbreidingen gepland, onder andere naar Rottenbauer, Lengfeld en Versbach.

Neurenberg. Motorrijtuig 877 met aanhangrijtuig 1251 voor het Hauptbahnhof. Vooral tijdens de zomermaanden vormen historische trams een regelmatige verschijning. Foto: Bas Schenk.

Oostenrijk

Wenen

Hoe zeer het openbaar vervoer overal ter wereld in de lift zit bewijst de gang van zaken in Wenen. Werden in 1973 (het dieptepunt) iets meer dan 395 miljoen reizigers vervoerd, in 1986 was dit aantal gestegen tot 596,2 miljoen!

De aanleg van „U-Bahn"-lijn U3 (Erdberg-Westbahnhof) zorgt al geruime tijd voor veel ongemak bovengronds, met name in Mariahilfer Strasse en voor het Westbahnhof. De lijnen 6, 9 en 64 hebben daardoor nieuwe eindpunten moeten zoeken. Lijn 9 heeft zijn keerlus nu wat zuidelijker, terwijl 6 en 64 de lus van lijn 5 in de Mariahilfer Strasse meegebruiken. Het is de bedoeling dat de oostelijke tak van U3 „Erdberg-Volkstheater, in 1991 en de rest in 1993 in dienst worden gesteld.

Vlugger gaat het met lijn U6, in feite een combinatie van de „Stadtbahn"-lijnen G en GD en tramlijn 64. In oktober 1989 moet de ontbrekende schakel Längenfeldgasse-Philadelphiabrücke gereed zijn waarna in 1992 de lijn via het bestaande sneltramtraject van lijn 64 naar Siebenhirten kan worden doorgetrokken. Vooruitlopend op deze gebeurtenissen zijn de „Stadtbahn"-lijnen G en GD tijdens de zomervakantie van 1988 van links op rechts verkeer overgeschakeld. Dit was, op 19 september 1938, toen het wegverkeer in Oostenrijk rechts ging rijden achterwege gebleven.

Overigens zal ook na de ombouw tot „U-Bahn" het tramachtige materieel (gelede motorrijtuigen type E6 en gelede aanhangrijtuigen type c6) op lijn U6 blijven rijden. De vraag is wat er op den duur met de praktisch geheel aan U6 parallel lopende tramlijn 8 gaat gebeuren. Opheffing in oktober 1989 is niet geheel uitgesloten, maar de bevolking wil hier niets van weten.

Overigens zijn er ook positieve tramontwikkelingen. In augustus 1989 zal lijn 67 over een afstand van 2,2 kilometer worden verlengd van het huidige eindpunt Frödenplatz naar Bendateich. Ook zijn de laatste stukken enkelspoor bij de Weense tram verdwenen. Dit gebeurde op 9 oktober 1987 in de Ottakringer Strasse, nabij het eindpunt van lijn J, en in de loop van 1988 in de Brünner Strasse, waar lijn 31 nog over ruim een kilometer enkelsporig reed.

Ondanks een schijnbaar fors overschot – van de 650 motorrijtuigen en 480

Wenen. De ,,Stadtbahn"-lijnen G/GD (boven) en tramlijn 64 (onder) gaan in
1992 samen ,,U-Bahn"-lijn U6 vormen.

Wenen. De bedreigde lijn 8 kruist lijn J bij de Josefstädter Strasse.

aanhangrijtuigen zijn er slechts 500, respectievelijk 400 nodig – blijft er nieuw trammaterieel toestromen. Zo arriveerden in het afgelopen jaar de gelede motorrijtuigen 4069-4078 (E2), de vierassige aanhangrijtuigen 1486-1491 (c5) en, ten behoeve van de „Stadtbahn", de gelede aanhangrijtuigen 1931-1936 (c6). Daarnaast is ook flink wat materieel afgevoerd. Dit betrof twee-assige motorrijtuigen van het type L (6 stuks), twee-assige aanhangrijtuigen van het type l (24 stuks), vierassige aanhangrijtuigen van het type c2 (11 stuks) en vierassige gelede motorrijtuigen van het type F (2 stuks). Een direkt gevolg is dat de legendarische driewagentrams op lijn 62 sinds 1 juli 1988 tot het verleden behoren. Op het laatst waren nog vijf stellen in dienst. De overgebleven motorrijtuigen van het type L zijn met vierassige aanhangrijtuigen nog op de lijnen D en 65 te vinden en met twee-assige aanhangrijtuigen alleen nog op lijn 62.

Wiener Lokalbahn
Van het vooroorlogse materieel zijn nog zes motor- en zes aanhangrijtuigen over. In de normale dienst worden ze echter niet meer ingezet.
In verband met de invoering van een kwartierdienst in 1989 krijgt het Keulse materieel een grondige opknapbeurt, ondanks het feit dat het al dertig jaar oud is.

Wenen. 23 zijruitjes! Voorgoed verleden tijd zijn de driewagentrams, zoals hier gefotografeerd op de Karlplatz.

Wiener Lokalbahn. Een druk beklante tussendienst naar Wiener Neudorf, samengesteld uit ex-Keuls materieel.

Wiener Lokalbahn. Op 12 mei 1988 reed deze bijzondere stoomtram.
Trekkracht was lokomotief 31, genaamd „Stammersdorf" en afkomstig van
de lijn Stammersdorf – Auersthal. (Foto: Gunter Mackinger)

Graz

De laatste Wuppertaler 571 (ex-3821) werd na een grondige revisiebeurt op
22 september 1988 in dienst gesteld. Precies vier dagen later arriveerde al de
eerste Duisburger 1078, op 13 oktober gevolgd door de 1079. Aangezien ze
vijftien jaar jonger zijn dan de „Wuppies" en reeds in Duisburg een opknap-
en schilderbeurt hebben gehad, staat niets in de weg om ze nog in 1988 in
dienst te kunnen stellen.
In totaal worden 17 Duisburgers overgenomen. In Graz zijn de nummers 521-
537 voor ze gereserveerd. Ze gaan een deel van de zesassers 261-283 en de
slechtste Wuppertalers vervangen. De lokale tramfabriek Simmering-Graz-
Pauker reageerde – niet geheel ten onrechte – furieus op de aankoop, maar
het vervoerbedrijf zei geen keus te hebben. Evenals in België vloeit een groot
deel van de openbaarvervoergelden naar de metro-aanleg in de hoofdstad.
De toevloed van materieel heeft ondanks alles nog niet tot gevolg gehad dat
de twee-assers volledig uit het stadsbeeld zijn verdwenen. Wel worden sinds
maart 1988 geen motor- en aanhangrijtuigcombinaties meer ingezet, maar

Duisburg. Motorrijtuig 1078, al in de Grazer kleuren geschilderd, wordt op 19 september 1988 op het remiseterrein Grünewald opgeladen voor de lange reis naar Oostenrijk. (Foto: Jan Jaap Carels)

Linz. Twee tienassers op lijn 1 kruisen elkaar in de drukke Landstrasse. (Foto: Erik Swierstra)

losse tweerichtingmotorrijtuigen worden als scholierenextra's en bij manifestaties nog regelmatig gesignaleerd. Er zijn nog twee complete tramstellen en verder zes houten en twee stalen twee-assige motorrijtuigen over. Om van het laatste houten materieel af te kunnen komen is nu toch een begin gemaakt met het opknappen van drie van de vier gelede vierassers 3401-3404 uit Wuppertal, die Graz indertijd min of meer cadeau heeft gekregen. Hoewel niet bepaald met ideale rijeigenschappen gezegend, zullen deze tweerichtingtrams tijdens onderbrekingen nog goede diensten kunnen bewijzen, temeer omdat alle zes tramlijnen in Graz zich door de smalle Herrengasse moeten persen.

Ondanks de bezuinigingen lijkt een kleine netuitbreiding in het verschiet te komen. Het betreft de verlenging van lijn 1 vanaf het huidige eindpunt Eggenberg over een afstand van 400 meter naar het Unfall-Krankenhaus. In 1991 zou deze gerealiseerd moeten zijn.

Linz

Er bestaan serieuze plannen om de in 1973 opgeheven tramverbinding met Ebelsberg weer in ere te herstellen, waarbij de nieuwe lijn aan het Hauptbahnhof van Linz zou moeten beginnen en aan het ÖBB-stationnetje van Ebelsberg eindigen. Over het lijnnummer 5 is iedereen het al eens.

Op de zeer steile Pöstlingbergbahn is sinds oktober 1988 éénmansexploitatie ingevoerd.

Innsbruck

Als een van de laatste trambedrijven van Europa is ook in Innsbruck een voorzichtig begin gemaakt met éénmansexploitatie, voorlopig echter alleen tijdens de avonduren. Gelukkig waren de bij de ombouw van de Bielefelders verwijderde attributen als deurbedieningsknoppen en een betaaltafel bij de bestuurder nog niet weggegooid.

Even heeft het erop geleken dat voor de Stubaitalbahn twee nieuwe achtassige motorrijtuigen zouden worden aangeschaft, maar ook hier hebben de bezuinigingen roet in het eten gegooid. In plaats hiervan worden de bestaande motorrijtuigen 81-88 (ex-Hagen, middenstukken ex-Bielefeld) opgeknapt en gemoderniseerd. Ook zullen de Bielefeldse achtassers 823 en 824 alsnog in dienst worden gesteld.

Oorspronkelijk was hiervan afgezien, omdat in plaats van een nieuwe tramlijn naar Reichenau en het Olympiadorf voor een trolleybus werd gekozen. Deze laatste is met zeer veel vertraging in december 1988 in dienst gesteld.

Innsbruck. Lijn 6 naar Igls loopt door een zeer fraai natuurgebied, met een tunneltje bij de halte Schloss Amras.

Innsbruck. Het materieel van de Stubaitalbahn zal worden gemoderniseerd .
(Foto: Ben Loos)

Salzburg. Het bedrijf kon de verleiding niet weerstaan om uit de pas afgeleverde serie 46–50 een vijfwagentrein te formeren. In de normale dienst wordt met maximaal vier gekoppelde stellen gereden. (Foto: Gunter Mackinger)

Salzburg

Op 25 april 1988 nam de gemeenteraad het historische besluit om de „Lokalbahn" via de binnenstad naar de zuidelijke buitenwijken door te trekken en later eventueel nog verder tot Anif of Grödig. Het lijkt een wat late herroeping van het besluit uit 1953 om de zuidelijke lijn naar St. Leonhard op te heffen, want de nieuwe lijn gaat praktisch hetzelfde traject berijden. Maar wat toen een gezellige, maar allerminst snelle dorpstram was, wordt nu een semi-metro met een 4,5 kilometer lange tunnel met zes haltes onder het historische centrum. Volgens de planning zal nog in 1990/1991 een ondergronds eindpunt onder het stationsplein worden aangelegd, waarna in 1996 met de doortrekking in zuidelijke richting wordt begonnen. Met het hele project is een bedrag van 300 miljoen gulden gemoeid.

Gedurende 1988 is de modernisering van de lijn naar Lamprechtshausen in een versneld tempo voortgezet. Op 16 februari arriveerde de eerste van een vervolgserie van vijf gelede motorrijtuigen. Deze zijn op details na gelijk aan de in 1983 geleverde 41-45. De nieuwe motorrijtuigen hebben de nummers 46-50 en de namen Anthering, Nussdorf, Göming, St. Georgen en Freilassing

Salzburg. Nog slechts één treinenpaar wordt met de motorrijtuigserie 31 – 33 gereden. (Foto: Gunter Mackinger)

Salzburg. Op 30 juni 1988 maakte „Silberpfeil" 24 zijn officiële afscheidsrit. (Foto: Gunter Mackinger)

gekregen. Dankzij de komst van het nieuwe materieel kon op 29 mei 1988 opnieuw de dienstregeling aanzienlijk worden verbeterd. Op werkdagen wordt nu gedurende het grootste deel van de dag om het half uur gereden. Bovendien is de bovenbouw verzwaard, waardoor de baanvaksnelheid van 60 op 80 km/uur kon worden gebracht. Niettemin blijft het afwikkelen van een dermate dicht verkeer op een enkelsporige lijn een indrukwekkende prestatie, vooral als men weet dat er dagelijks ook nog tot 20 kolentreinen rijden!

De komst van de 46-50 heeft tot gevolg gehad dat de dienst nu bijna geheel met gelede motorrijtuigen kan worden afgewikkeld. Alleen het dagelijkse sneltrampaar wordt nog door een vierassig motorrijtuig van de serie 31-33 met drie bijbehorende aanhangrijtuigen gereden.

Verdwenen uit de normale dienst zijn sinds begin maart de laatste twee-assige motorrijtuigen 6 en 7. Overigens blijven deze tachtig (!) jaar oude voertuigen uiteraard wel bewaard. De 6 wordt thans in zijn oorspronkelijke toestand teruggebracht in verband met alweer een jubileum. Minder rooskleurig ziet de toekomst er voor de „Silberpfeile" 23 en 24 uit, die in 1978 van de Köln-Bonner Eisenbahnen werden overgenomen. De technische dienst heeft een grondige afkeer van deze fraaie, maar uiterst kwetsbare voertuigen ontwikkeld en het bedrijf zou er graag op een nette manier vanaf raken. Op 30 juni 1988 heeft de 24 officieel zijn laatste rit gemaakt en sindsdien staan ze te koop.

Stern & Hafferl

Normaalsporige lijnen

De van de Köln-Bonner Eisenbahnen overgenomen tweewagenstellen 22 141 (ex-ET 60) en 22 142 (ex-ET 59) rijden sinds de winterdienst van 1987 op de Linzer Lokalbahn. Ze zijn vooral tussen Linz en Eferding aan te treffen. De verbouwing van de ET 53 en ET 55 was daarentegen eind 1988 nog steeds niet voltooid, omdat het herstel van de bij een aanrijding met een autobus gekraakte „Keulenaar" 22 131 voorrang had.

De komst van de „nieuwe" treinstellen heeft enkele materieelverschuivingen tussen de normaalsporige lijnen ten gevolge gehad. Zo ging het uit 1951 daterende motorrijtuig 22 107, na tot 22 112 te zijn vernummerd, naar de lijn Neumarkt-Kallham-Waizenkirchen-Peuerbach. Het is hier de eerste vierasser!

Linzer Lokalbahn. Treinstel 22 141 naast lokomotief 20 004 in Eferding. (Foto: Karel Hoorn)

Vöcklamarkt – Attersee. Als gevolg van de brand moest het twee-assige motorrijtuig 23 103 tijdelijk weer in de personendienst worden ingezet. (Foto: Karel Hoorn)

Vorchdorf. In april 1988 arriveerden de motorrijtuigen 8 en 9 uit Basel. (Foto: Gunter Mackinger)

Smalsporige lijnen

Het bedrijf van Stern & Hafferl blijft door pech achtervolgd. In de vroege ochtend van 18 december 1987 brak brand uit in de remise Attersee, waarbij de motorrijtuigen 23 104 (ex-Rheinbahn) en 26 108 (ex-AOMC, Zwitserland) in vlammen opgingen. Gelukkig bleef de historische „Bummelzug" gespaard. Het verlies van de beide voertuigen zorgde onmiddellijk voor materieelproblemen op de lijn Vöcklamarkt-Attersee, wat tijdelijk werd opgelost door de oeroude twee-assige motorrijtuigen 20 104 en 23 103 weer in de normale dienst in te zetten. Kort daarna verscheen motorrijtuig 23 108 (ex-AOMC) van de lijn Gmunden-Vorchdorf, een half jaar later gevolgd door soortgenoot 26 109.

Als compensatie werden half april van de voormalige Birsigtalbahn van Baselland Transport de uit 1951 daterende vierassige motorrijtuigen 8 en 9 overgenomen. Deze stonden sinds de omzetting van lokaalspoor op tramexploitatie in 1984 te koop. Gezien de haast werden de noodzakelijke verbouwingen aan de firma Bombardier-Rotax in Wenen uitbesteed, zodat de motor-

Gmunden. Alleen op drukke uren rijden op de stadslijn twee trams.
Ontmoeting tussen de motorrijtuigen 8 en 10 bij het depot.

rijtuigen eind 1988 onder de nieuwe nummers 23 109 en 23 110 op de lijn
Gmunden-Vorchdorf in dienst konden worden gesteld.

Inmiddels was ook een begin gemaakt met de herbouw van de remise en in
die stemming kon de lijn Vöcklamarkt-Attersee op 16 en 17 juli 1988 met redelijk optimisme zijn 75-jarig bestaan gaan vieren.

Sombere wolken pakken zich daarentegen samen boven de oudste lijn van
Stern & Hafferl, de stadstram van Gmunden. Het vervoer op dit in 1894 ge-
opende, kleinste stadstrambedrijf ter wereld is sinds 1975 praktisch gehalveerd. Bovendien lijkt het stadje niet in het voortbestaan van de tramlijn ge-
ïnteresseerd te zijn, iets dat mede afhangt van een verlenging vanaf het
huidige, weinig zinvolle eindpunt Frans-Josefplatz naar de Rathausplatz of
het Seebahnhof. Als de concessie in 1992 afloopt zou het wel eens uit kunnen
zijn met de tram, tenzij een wonder gebeurt.

Zwitserland

Basel-stad

In 1987 waren in Basel voor het eerst meer „milieu-abonnementen" dan auto's in omloop, zodat ondanks de komst van de vierassige motorrijtuigen 477-502 in 1986/1987 het trambedrijf opnieuw in materieelproblemen is geraakt. Vandaar dat inmiddels alweer een nieuwe bestelling naar de plaatselijke leverancier SWP is uitgegaan, ditmaal voor 28 motorrijtuigen. Gezien de haast is voor een zeer conventionele constructie gekozen. In feite betreft het een gelede versie van de voorafgaande serie vierassers. Met name de elektrische schakeling van het type „Simatic" moet als verouderd worden beschouwd, maar dit is min of meer afgedwongen door de eis dat met oudere series motorrijtuigen gekoppeld moet kunnen worden gereden.

Basel. In 1961/1962 schaften de Basler Verkehrsbetriebe twee dubbelgelede trams op drie draaistellen aan. Motorrijtuig 602 op lijn 3 vertrekt van het eindpunt Mustermesse.

Ook aan het lage-vloerconcept blijkt Basel nog niet toe te zijn, hetgeen de irritatie opwekte van een militante ouderenorganisatie opererend onder de naam „Grijze Panters". Ze wisten zelfs een referendum af te dwingen, maar de meerderheid van de bevolking beschouwde een snelle aanschaf in dit geval van groter belang. Vanaf december 1989 zullen de nieuwe motorrijtuigen worden geleverd.

Daarnaast zullen waarschijnlijk in 1991 enkele netwijzigingen worden uitgevoerd. Hierbij gaat lijn 11 van Baselland Transport vanaf de Aeschenplatz via de huidige route van lijn 15 doorrijden naar St. Louis grens en gaan de lijnen 15 en 16 samen een grote lus beschrijven via de twee Rijnbruggen. Ook komt er een nieuwe spitsuurlijn 22 tussen Schänzli (aan de lijn naar Pratteln) en de Morgartenring.

Basel-voorstadslijnen

Nadat een middenstuk met lage instap met succes in motorrijtuig 231 was beproefd, volgde eind 1987 een seriebestelling voor nog eens 18 stuks. De eerste hiervan werd, ingebouwd in motorrijtuig 251, op 31 oktober 1988 in dienst gesteld. De inbouw gebeurt vrij willekeurig in motorrijtuigen die toch voor reparatie of groot onderhoud naar de werkplaats moeten.

Zürich

Alle aktiviteit concentreert zich momenteel op het „S-Bahn"-net van de SBB, dat op 27 mei 1990 in dienst moet worden gesteld en waar voor een nieuw, grotendeels ondergronds spoortraject door de stad wordt aangelegd. Tot het zover is valt er bij de tram weinig nieuws te verwachten. Wel is de inzet van vierassige „standaard" motor- en aanhangrijtuigen verder geslonken. Dagelijks doen nog slechts zeven motorrijtuigen van de serie 1360-1415 dienst, voornamelijk op de lijnen 6 en 10. Iets beter gaat het met de aanhangrijtuigserie 711-770. Hiervan zijn nog 21 stuks nodig. Behalve achter de eerder genoemde vierassige motorrijtuigen zijn ze ook samen met gelede motorrijtuigen uit de 1600-serie op de lijnen 3 en 4 te vinden.

Bern-stad

Medio 1987 heeft in Bern een materieelvernummering plaatsgevonden waarbij de vierassige „standaard" motorrijtuigen 101-115 en 121-130 in de 600-serie zijn terecht gekomen en de gelede motorrijtuigen 401 en 1-16 nu de nummers 701 en 711-726 dragen. De aanhangrijtuigen zijn niet vernummerd. Van de oudere vierassige motorrijtuigen 171-175 en bijbehorende aanhangrij-

Basel. Motorrijtuig 231 met lage-vloermiddendeel op lijn 10 in Flüh. (Foto: Karel Hoorn)

Zürich. De laatste standaard vierassers zijn onder meer op lijn 6 te vinden. (Foto: Karel Hoorn)

Bern. Een tramstel van lijn 3 met motorrijtuig 622 (ex-122) kruist motorrijtuig 87 uit de richting Worb in de Thunstrasse. (Foto: Karel Hoorn)

tuigen 313-318 zijn na een sloopactie alleen nog de 171, 175, 316 en 317 over. Ook de 601 is na een zware aanrijding gesneuveld.

De twaalf dubbelgelede lage-vloertrams die bij Vevey zijn besteld zullen vanaf de herfst van 1989 worden geleverd. Een prototype van het bekende Vevey-draaistel met de kleine wieltjes wordt momenteel uitgeprobeerd onder aanhangrijtuig 341.

Op 18 oktober 1987 gingen de stemgerechtigde burgers accoord met een krediet van 17 miljoen gulden ten behoeve van de hoognodige renovatie van de Kirchenfeldbrücke. Als gevolg daarvan is deze belangrijke schakel van 25 maart tot 6 november 1988 voor alle verkeer met uitzondering van voetgangers gesperd geweest. Het tramnet was gedurende die periode in twee delen gesplitst. Aan de westzijde bevonden zich alleen trams met een recente revisiedatum in verband met het ontbreken van een werkplaats.

Bern-voorstadslijnen

Na een proefperiode in de week voor Kerstmis is op 28 december 1987 de bovenleidingspanning op de lijn Bern-Muri-Worb definitief van 800 op 600

Bern – Worb. Motorrijtuig 82 op een wegkruising bij Siloah. Bij de nieuwe trams zitten de tussendraaistellen onder de middenbak. (Foto: Karel Hoorn)

volt overgeschakeld. Van de negen dubbelgelede tweerichtingmotorrijtuigen 81-89 waren er toen zeven afgeleverd. Een afscheidsrit met het oude vierassige materieel vond op 31 januari 1988 plaats.

Op 15 augustus werd de dienstregeling verdicht. Er wordt nu iedere 20 minuten naar Worb gereden. Tot Gümlingen is de frequentie een 10-minutendienst. Nadat de Kirchenfeldbrücke is versterkt zal bovendien tot Bern Hauptbahnhof worden doorgereden. Medio maart 1988 vond reeds een nachtelijke proefrit plaats.

Van het oude materieel heeft toch nog heel wat een goed heenkomen kunnen vinden. Vier motorrijtuigen zijn naar de Montreux-Oberland Bernois (MOB) gegaan. Ze zullen daar in de rangeerdienst worden ingezet. Motorrijtuig 74 ging met drie aanhangrijtuigen naar het noordnet van Regionalverkehr Bern-Solothurn (RBS), waartoe de lijn Bern-Muri-Worb ook behoort, om het van de Chemins de Fer du Jura gehuurde stel te gaan vervangen. Het oudste motorrijtuig 30 ging naar een museum. De rest is of wordt gesloopt.

Neuchâtel. Het in mei 1988 verlaten eindpunt Place Pury van lijn 5.

Neuchâtel

De lang aangekondigde nieuwe motorrijtuigen 505 en 506 werden in het voorjaar van 1988 geleverd. Later zullen nog twee stuurstandrijtuigen volgen. Voor het nog aanwezige oudere materieel betekende dit het einde. Van de „standaard" vierassers 581-583 werd de 581 in 1987 gesloopt. De andere twee gingen naar musea. Van de gelede motorrijtuigen 592 en 594 (ex-Genua) is de 592 aan een museumvereniging geschonken. De andere is gesloopt.

Eind mei 1988 is de lijn enkele tientallen meters ingekort. In plaats van op de Place Pury bevindt het stadseindpunt zich thans aan de oever van het meer.

Genève

De gebeurtenissen bij de tram van Genève hebben zich het afgelopen jaar in een snel tempo opgevolgd. De levering van de lage-vloertrams kwam eigenlijk begin 1988 pas goed op gang. Daarvoor was er nogal wat verwarring geweest. De in september en oktober 1987 geleverde motorrijtuigen hadden de nummers 752-754 gekregen en het prototype 741 zou in aansluiting hierop

*Genève. Motorrijtuigen 806 en 816, in twee verschillende kleurenschema's ,
rijden gekoppeld op de Place Neuve. (Foto: Karel Hoorn)*

751 worden vernummerd. Tot ieders verrassing verscheen de 741 in november echter als 801 op straat en de gehele serie zal nu de nummers 801-846
krijgen. Bovendien is met ingang van de 809 nog een nieuw kleurenschema
ingevoerd. De motorrijtuigen 802-813 hebben namen ontvangen van gemeenten in de regio.

Met de aflevering zal ook nog een groot deel van 1989 zijn gemoeid.
Naarmate er meer gelede trams verschijnen worden de oude ,,standaard" mo-
tor- en aanhangrijtuigen afgevoerd. De vijf beste stellen blijven echter bewaard als reserve.

Na wat kinderziekten zijn de nieuwe motorrijtuigen vlot in dienst gekomen.
Op 18 januari 1988 reed voor het eerst ook een koppelstel; daarna is dat min
of meer de vaste samenstelling geworden.

De nieuwe remise in Bachet-de-Pesay is op 23 maart 1988 in gebruik genomen. Het zal echter tot 1990 duren alvorens ook de werkplaats naar het nieuwe complex wordt overgebracht. Tot dan blijft het oude depot Jonction voor
trams bereikbaar.

Genève. Een gekoppeld stel, bestaande uit de motorrijtuigen 819 en 818, in de krappe boog van de Rue de la Corraterie. (Foto: Karel Hoorn)

De op 27 september 1987 in gebruik genomen uitbreiding van Carouge naar Bachet-de-Pesay is nog niet het einde. In 1991 wordt de lijn nog eens over een afstand van één kilometer verlengd tot Palette.

Lausanne
De tramway du Sud-Ouest Lausannois wordt realiteit! Nog in 1988 is een begin gemaakt met de aanleg van de 7,8 kilometer lange normaalsporige lijn, die het stadsdeel Flon via Dorigny met Renens moet gaan verbinden. In 1991 zal de tram gaan rijden.
Op 15 januari 1988 zijn bij Ateliers de Constructions Mécaniques de Vevey 12 enkelgelede motorrijtuigen voor de nieuwe lijn besteld. Qua afmetingen en indeling komen ze overeen met het Rotterdamse sneltrammaterieel. Ze zullen ook gekoppeld kunnen rijden, maar het merkwaardigste detail is wel dat ze met een dieselaggregaat worden uitgerust voor rangeerbewegingen en korte ritjes over SBB-trajecten.
Reeds nu wordt er gepraat over een eventuele verlenging van Renens naar Morges, een afstand van 6,8 kilometer.

Frankrijk

Wellicht zal later eenmaal blijken hoe belangrijk het jaar 1988 voor de herleving van de tram in Frankrijk is geweest. Weliswaar waren de lijnen in Nantes en Grenoble een groot succes, maar het is maar al te zeer bekend hoe weinig invloed zulke feiten op de politieke besluitvorming behoeven te hebben. Bovendien is de Franse centrale overheid aanzienlijk minder scheutig met subsidies dan dat bijvoorbeeld in Nederland en de Duitse Bondsrepubliek het geval is.

Een derde successtory was dus dringend gewenst en die lijkt eraan te komen nu de impasse rond het tramproject St. Denis-Bobigny in de Parijse agglomeratie is doorbroken. In 1992 moet de tram hier gaan rijden. Dat de uiteindelijke materieelkeuze (ten gunste van het type ,,Grenoble") in Rotterdam heeft plaatsgevonden moet maar als een saillant detail worden beschouwd.

Bij de serieuze candidaten voor een trambedrijf heeft zich naast Reims nu ook Rouen gevoegd, terwijl ook Brest nog steeds in de running is. In enkele andere steden lopen voorstudies.

Grenoble

Zelden of nooit heeft een trambedrijf zoveel pennen in beweging gezet als de nieuwe tram van Grenoble. Dat er veel meer aandacht aan is besteed dan bijvoorbeeld aan Nantes heeft te maken met de gedurfde keuze van het traject, door nauwe en drukke straten, en natuurlijk het materieel. Het betreft immers de eerste en zeer succesvolle toepassing op grote schaal van de gelede lagevloertram.

Sinds de officiële opening op 5 september 1987 is intussen heel wat gebeurd. Op 31 oktober werd de eerste verlenging al in gebruik genomen naar het beurscomplex ,,Alpexpo", een afstand van ongeveer 500 meter. Hier rijdt de tram overigens niet dagelijks, maar alleen tijdens manifestaties.

Op 12 december 1987 volgde het sluitstuk van de eerste lijn met de opening van het bijna twee kilometer lange traject van Louis Maisonnat naar La Poya, in de gemeente Fontaine. Hiermee heeft lijn A een lengte van 8,8 kilometer bereikt.

Grenoble. Motorrijtuig 2007 onderweg op de verlenging van Louis Maisonnat naar Fontaine La Poya. (Foto: Ben Loos)

Grenoble. De aftakking voor de toekomstige lijn B in de Rue Raoul Blanchard is reeds aanwezig.

Nantes. Het eindpunt Haluchères, vanwaar de lijn in 1989 moet worden doorgetrokken.

Inmiddels was op 9 november een besluit genomen over de route van de tweede lijn. Deze gaat nu definitief via het terrein van het academisch ziekenhuis lopen. Hiervoor zijn twee aparte trambruggen over de Isère nodig, met de bouw waarvan in juli 1988 is begonnen.

Lijn B krijgt van het SNCF-station naar de universiteitsbibliotheek een lengte van 5,7 kilometer en moet in september 1990 gaan rijden. Over een verlenging van 1,2 kilometer naar het station Gières wordt nog gediscussieerd.

Inmiddels zijn 15 nieuwe motorrijtuigen besteld. Twee stuks zijn bestemd voor de bestaande lijn, waarop men in de toekomst gekoppeld wil gaan rijden; de overige 13 komen op de nieuwe lijn B.

Nantes

Ook in Nantes heeft men het afgelopen jaar niet stilgezeten. Op 22 februari 1988 is begonnen met de verlenging van de bestaande lijn van Haluchères naar La Beaujoire, een afstand van twee kilometer. Op 29 april 1989 moet de tram hier gaan rijden in verband met een floriade in La Beaujoire.

Dan komt de aanleg van de tweede lijn van Rezé naar de Place Viarme aan de

161

Nantes. Met het oog op de toekomstige uitbreidingen is het remiseterrein zeer ruim bemeten.

beurt. Men rekent ermee dit 6,2 km lange traject in september 1991 in gebruik te kunnen nemen. Onmiddellijk daarna wordt doorgegaan met een verlenging naar het definitieve eindpunt Sillon de Bretagne, dat precies twee jaar later moet worden bereikt.

Een enquête onder het trammend publiek leerde dat de voornaamste klachten de overvolle trams en de harde banken waren. Aan het eerste probleem is inmiddels iets gedaan. In het voorjaar van 1988 werden acht aanvullende motorrijtuigen met de nummers 321-328 afgeleverd. Hierdoor is het mogelijk geworden tijdens de spitsuren met gekoppelde stellen te rijden, waarmee op 5 september 1988 – na de zomervakantie – ook inderdaad een begin is gemaakt.

Voor de dienst op lijn 2 denkt men aan de aanschaf van dubbelgelede motorrijtuigen. Hiermee kan het idee van een Franse standaardtram definitief bij de vrome wensen worden bijgezet.

Bobigny-St. Denis

Nadat het er geruime tijd op leek dat de tramplannen in een stellingenoorlog tussen elkaar belagende bureaucratieën zou verzanden en de kans dat „om van het gedonder af te zijn" uiteindelijk toch voor een vrije busbaan zou worden gekozen niet denkbeeldig leek, viel tijdens een topbijeenkomst op 21 juli 1988 dan toch het verlossende woord.

De tram komt er, wellicht al in 1992. Enkele weken na deze beslissing reisden vertegenwoordigers van het Parijse vervoerbedrijf RATP al naar Rotterdam om de tram uit Grenoble te keuren en praktisch ter plekke kon Alsthom-Francorail een bestelling van 16 stuks noteren.

De nieuwe tramlijn wordt 9,1 kilometer lang en krijgt 21 haltes. Tijdens de spitsuren zal iedere twee minuten worden gereden.

Wellicht omdat projecten in de Franse hoofdstad politiek zo gevoelig liggen krijgt ook de concurrerende VAL een kans. Er komt een 7,2 kilometer lange lijn tussen het RER-station Antony en het vliegveld Orly. Echte optimisten rekenen met een indienststelling in 1991.

St. Etienne

Op 1 januari 1988 is het vervoerbedrijf van St. Etienne overgegaan in handen van het overkoepelend overheidsbedrijf TRANCET, dat ook het openbaar vervoer in steden als Nantes, Grenoble en Toulouse exploiteert. Al dan niet toevallig werd kort daarna een hele reeks plannen gepubliceerd, die in de periode van 1989 tot 1991 zouden moeten worden gerealiseerd. Voor de tram belangrijk zijn de bouw van een nieuwe remise, de verlenging van de lijn over een afstand van 2,5 kilometer in noordelijke richting van Terrasse naar Hôpital Nord en de aanschaf van 15 nieuwe motorrijtuigen.

Wat dat laatste betreft gaat de wens uit naar een lage-vloertram, maar het in Grenoble toegepaste concept laat zich niet verenigen met het meterspoor van St. Etienne. Een inderhaast gevormd consortium van Alsthom en AMCV Vevey heeft daarom een enkelgelede versie van de voor Bern ontwikkelde lage-vloertram met kleine loopwieltjes aangeboden.

De invoering van een controlesysteem met TV-camera's heeft tot een vernummering van het trammaterieel geleid. De vierassers 501-530 zijn 01-30 geworden en de gelede motorrijtuigen 551-552, 554-555 hebben de nummers 51-52, 54-55 gekregen. De verbouwde en daardoor toch wel herkenbare 001 (ex-553) heeft zijn nummer behouden. De nieuwe nummers hebben kolossale afmetingen om ze op de beeldschermen te kunnen ontcijferen.

Lille

Hoewel in principe het besluit is genomen dat beide tramlijnen op den duur door een gecombineerde VAL-lijn 2, Lille-Roubaix-Tourcoing zullen worden vervangen ligt het tijdstip waarop dit zal gebeuren nog geenszins vast. Teveel hangt af van de financiering van dit uiterst kostbare project.

Ondanks, of juist als gevolg van dit onzekere toekomstbeeld is het trambedrijf nog steeds op zoek naar tweedehands materieel. De in de zomer van 1987 van Genève overgenomen DUEWAG-zesassers 795, 797 en 798 zijn in september 1988 onder de nummers 301-303 in dienst gesteld. In februari 1988 vertrokken uit Bochum de motorrijtuigen 1, 285 en 298 naar Lille. Hiervan zal echter alleen de 298 als 304 in gebruik worden genomen. De andere twee dienen als onderdelenleverancier.

Motorrijtuig 373 (ex-Vestische) is na een aanrijding in maart 1988 gesloopt.

Andere Franse tramplannen

Reims heeft nog steeds de beste kansen op spoedige verwezenlijking van zijn tramplannen. Het resultaat van een gedetailleerde kosten-en-batenstudie is eind 1988 aan het ministerie van verkeer aangeboden. Als de nationale overheid op tijd met subsidie over de brug komt kan in 1989 met de aanleg worden begonnen.

De op een na beste kanshebber is ongetwijfeld Rouen geworden. Hier zijn de voorstudies afgerond en is de stad deze zomer met een grote voorlichtingscampagne begonnen onder aanvoering van de promotor van het project, burgemeester Lecanuet. Er moeten twee lijnen komen met een totale lengte van 12,2 kilometer. Het traject door de binnenstad, inclusief de kruising van de Seine wordt gemeenschappelijk bereden. Aan de zuidkant van de rivier komt twee kilometer in een tunnel te liggen. Als materieel denkt men aan 22 motorrijtuigen van het type „Grenoble". In 1994 zou de tram moeten gaan rijden.

Dan komt Brest dat plannen heeft voor een 12 kilometer lange tramlijn die het stadsdeel St. Pierre-Quilbignon in het westen via het centrum met Lambezellec en Pontanézen in het oosten moet gaan verbinden.

Voorlopig afgehaakt heeft de stad Rennes, waar Matra een aantrekkelijk tegenvoorstel voor een VAL-lijn heeft gelanceerd. Met gemeenteraadsverkiezingen in het zicht zal hier voorlopig geen besluit worden genomen.

Blijven over de steden waar voorstudies aan de gang zijn of waar geruchten over tramplannen de ronde doen. In dit kader vallen de namen van Toulon, Dijon en Le Mans.

St. Etienne. Bij de vernummering heeft het lijnnummer 4 plaats moeten maken voor het (nieuwe) wagennummer 54.

Lille. Kijkje in het depot, met onder andere de historische motorrijtuigen 432 en 433.

Italië

Milaan

In 1987 werd metrolijn M1 aan twee van zijn drie eindpunten verlengd. Het betrof de trajecten van San Leonardo naar Molino Dorino (750 m) in het noordwesten en van Sesto Marelli naar Sesto FS-station (1,5 km) in het noorden. Een verlenging van de derde tak, van Inganni naar Via Bisceglie, staat voor 1990 op het programma, evenals een verlenging van metrolijn M2 van Romolo naar Abbiategrasso.

Geen van deze verlengingen zal invloed hebben op het tramnet, maar dit ligt anders bij de in aanleg zijnde derde metrolijn van Via Sondrio naar Rogoredo FS-station, een afstand van 9,4 kilometer. De aanleg hiervan maakt zulke goede vorderingen dat de zuidelijke tak wellicht reeds in 1989 zal worden geopend. Dit bekent een acute bedreiging voor de parellel lopende tramlijn 13, Duomo-Corvetto.

Anderzijds zijn er plannen onthuld voor een tramlijn naar het vliegveld Linate als zijtak van lijn 12.

Bij de twee interlokale lijnen naar Limbiate en Desio is de toestand onveranderd. Hoofdzakelijk rijden hier de van de lijn naar Vimercate afkomstige en sindsdien gemoderniseerde driewagentrams, bestaande uit vierassers met middenbalkon. Tijdens de spitsuren worden deze combinaties behangen met oudere aanhangrijtuigen. Alleen de tussendienst naar Milanino wordt met afwijkend materieel uitgevoerd. Hierop rijden lange vierassige motorrijtuigen met eindbalkons en pedaalbesturing. Van de oude zware motorrijtuigen zijn nog vier stuks rijvaardig. Ze verrichten in principe rangeerwerkzaamheden, maar twee ervan, de 44 en 47, zijn oranje geschilderd en duiken wellicht van tijd tot tijd in de reizigersdienst op.

Turijn

Na een ombouwperiode die ruim twee jaar heeft geduurd, is op 26 oktober 1987 lijn 3 als sneltramlijn in gebruik genomen. Kritisch beschouwd heeft echter alleen de in 1982 in dienst gestelde westelijke verlenging van de Corso Svizzera naar Le Vallette een semi-metrokarakter, met een afgescheiden baan

Milaan. Deze lange vierassers uit 1942 worden ingezet op de voorstads-dienst naar Milanino.

Milaan. Vierassig motorrijtuig 47, uit 1926, is oranje geschilderd en word t reserve gehouden voor de reizigersdienst. (Foto: Ben Loos)

*Turijn. Sneltramstel op lijn 3 in de Corso Regina Margherita. Het bord ach-
ter de ruit geeft aan dat het de voorkant van de tram is, dit ten gerieve van
automobilisten die niet aan tweerichtingtrams zijn gewend!*

*Turijn. De in juni 1988 teruggekeerde lijn 12 duikt op uit een van de karak-
teristieke poortjes aan de Corso Vittorio Emanuele II.*

Turijn. „Ristotram" 2758 voor het station Porta Nuova. (Foto: Ben Loos)

en hoge perrons. Voor de rest lijkt het alsof aan de vroegere tramlijn weinig of niets is veranderd. Het huidige oostelijke eindpunt Piazzale Regina Margherita is slechts tijdelijk. Wanneer de brug over de Po is aangepast wordt lijn 3 weer doorgetrokken tot de Piazza Hermada. Voor 1990 is nog een verlenging naar het nieuwe Continassa-stadion gepland.

Door de conversie van lijn 3 tot sneltramlijn is er eindelijk emplooi voor het nieuwe semi-metromaterieel van de serie 7000. Maximaal zijn 18 stuks nodig, maar in de periode 1983-1987 zijn er liefst 50 geleverd en aan een tijdschema voor de ombouw van volgende tramlijnen tot semi-metro (er staan er nog vier op het programma) durft niemand zich te wagen. Bovendien schijnt het dat ook de nieuwe lagevloertrams, die vanaf eind 1988 zouden worden afgeleverd, in eerste instantie op lijn 3 zullen worden ingezet.

Het is in Turijn niet altijd even duidelijk welke tramlijn op een bepaald moment wel rijdt en welke niet. De lijnen 2 en 5 zijn al sinds 1982 buiten dienst, maar verder wisselt het bestand regelmatig. Zo keerde op 12 juni 1988 lijn 12 na geruime tijd weer als tram terug, maar drie maanden later bleek lijn 16 plotseling te zijn verdwenen. Ook de tandradlijn Sasso-Superga, administratief als lijn 79 ingedeeld rijdt de laatste jaren vaker niet dan wel.

Sinds 16 april 1988 heeft Turijn een toeristentram, waarin al rijdende ook kan worden gegeten en gedronken. Achter deze „ristotram" verbergt zich de gelede vierasser 2758, die een opvallende „Venetiaanse" beschildering in wit en zwart heeft gekregen.

Genua

Het ligt nog steeds in de bedoeling dat het 1,5 kilometer lange stukje metrolijn door de voormalige Certosa-tramtunnel eind 1989 in dienst zal worden gesteld. Hierop concentreert zich dan ook alle activiteit.

Verder heeft Genua nog twee relatief onbekende, maar niettemin interessante raillijnen. De ene is een 1,2 kilometer lange tandradlijn die begint boven het FS-station Principe en voert naar de top van een berg genaamd Granarolo. De spoorbreedte bedraagt 1200 mm en de twee uit 1929 daterende piepkleine motorrijtuigen, waarvan er normaal slechts één rijdt, lijken nog het meest op geëlektrificeerde voertuigen van een kabelspoor. Bergafwaarts wordt op zwaartekracht gereden. De trolleystang wordt dan alleen tegen de draad gezet als bij duisternis de verlichting moet branden!

De andere is een 24 kilometer lange interlokale tramlijn van het plein Largo Giardino naar het stadje Casella. Deze metersporige lijn heeft het karakter van een Zwitserse smalspoorlijn en is gezegend met prachtige vergezichten.

Genua. De tandradtram van Granarlo kort voor de aankomst in het dalstation.

Genua. Een deel van de gevarieerde materieelcollectie van de tramlijn Genova – Casella staat opgesteld in het station Largo Giardino.

Het rollend materieel bestaat uit een enorme variëteit van merendeels tweede-hands voertuigen.

Rome

De van de ACoTraL overgenomen gelede motorrijtuigen 501-508 zijn na een langdurige verbouwing begin 1988 als 7101-7115 in dienst gesteld. Zoals ge-bruikelijk bij de ATAC zijn alleen de oneven nummers bezet. In 1989 zal ho-pelijk worden begonnen met de levering van 27 nieuwe gelede motorrijtui-gen.

ACoTraL is het „andere" Romeinse railvervoerbedrijf, dat naast de metro en twee voorstadsspoorlijnen nog één smalsporige interlokale tramlijn exploi-teert. Deze loopt nu (na niet minder dan vijf inkortingen) van Roma Termini naar Pantano Borghese (18 km), maar de meeste diensten rijden niet verder dan Grotte Celoni (12,5 km). Het voortbestaan van laatstgenoemd traject is nu definitief verzekerd. In de loop van 1988 werden hiervoor zes dubbelgele-de motorrijtuigen geleverd, die de nummers 820-825 hebben gekregen.

Rome ACoTraL. Dit dubbelgeleed motorrijtuig van een wat ouder type da-teert uit 1962. (Foto: Karel Hoorn)

Triëst. Motorrijtuig 401 aan het begin van het kabeltraject. De schaarbeugel op de opduwer dient alleen voor communicatie.

Triëst

De curieuze tramlijn naar Villa Opicina wordt als lijn 2 van het stadsnet geëxploiteerd. De frequentie, een 22-minutendienst, wordt bepaald door een 800 meter lang traject met kabeltractie aan de rand van de stad, waarover de trams door middel van lokomotiefachtige, met de kabel verbonden voertuigjes omhooggeduwd, respectievelijk neergelaten worden. Soortgelijke systemen waren vroeger op meer plaatsen – met name in de Verenigde Staten en Australië – te zien, maar nu is het een volstrekt unicum geworden dat ondanks de relatief hoge frequentie perfect werkt.

Aan rollend materieel zijn er, behalve de kabelvoertuigen, vijf vierassige motorrijtuigen uit 1935 en twee twee-assige werkwagens die dateren van rond de eeuwwisseling. De onderhoudstoestand van het gehele bedrijf is opvallend goed.

Triëst. Werkmotorwagen 411 staat weggestopt in de remise Opicina.

Bolzano

Sinds 1984 zijn baan en bovenleiding bij de Ferrovia del Renon geheel vernieuwd, waarbij het historische aspect geen enkel geweld is aangedaan. Zo zijn opnieuw houten bovenleidingmasten gebruikt.

Men hoopt nu eindelijk een begin te kunnen maken met het opknappen van de in 1982 uit Esslingen overgenomen motorrijtuigen 12 en 13. Het schijnt dat de verkeersinspectie in het verre Rome de voornaamste dwarsligger is geweest bij een snelle indienststelling van deze voertuigen.

Bolzano. Het ongenummerde Alioth-motorrijtuig (genoemd naar de fabrikant) vertrekt uit Collalbo. Het werd in 1934 overgenomen van de lijn Dermulo – Mendola. (Foto: Ben Loos)

Bolzano. De motorrijtuigen 12 en 13 wachten in de remise Collalbo al zeven jaar op indienststelling.

Spanje en Portugal

Valencia

Als jongste datum voor de opening van de 6,8 kilometer lange metrotunnel die de noordelijke en zuidelijke interlokale lijnen moet gaan verbinden werd 9 oktober 1988 genoemd, maar op hetzelfde moment waren er grote problemen aan het zuidelijke tunneleinde, omdat onverwacht wateraders de boel dreigden te overstromen. Bovendien waren weliswaar de bovenleiding en perrons op de lijnen naar Bétera en Llíria aan de komst van het nieuwe materieel aangepast, maar leek het spoor nog allerminst bestand tegen de 47 ton zware gelede motorrijtuigen die de gezapige trammetjes moeten gaan vervangen.

Eind 1987 waren alle motorrijtuigen van de serie 3701-3730 al afgeleverd. Om er alvast wat ervaring mee op te kunnen doen werden ze gekoppeld ingezet op het dubbelsporige voorstadtraject Valencia-Jesus-Torrent van de zuidelijke lijn, waar ze in ieder geval nog enigszins uit de voeten konden. Hoewel afgeleid van het materieel van de Sneltram Utrecht zijn er toch nogal wat verschillen ingeslopen. Uiterlijk betreft het vooral de afwijkende spoorbreedte (1000 mm), het ontbreken van schortplaten, de tien centimeter smallere wagenbak en de kasten voor de airconditioning op het dak boven de eindbalkons. Technisch is vooral van belang dat de Spaanse motorrijtuigen met een thyristorschakeling zijn uitgerust, in plaats van de klassieke stuurstroomschakeling met weerstanden. Niettemin zijn ze om onduidelijke redenen tien ton zwaarder uitgevallen dan hun Utrechtse collega's.

Inmiddels is duidelijk geworden hoe het net er na de opening van de tunnel uit gaat zien. Er komen vier lijnen:
1. Villanueva de Castellón-Bétera (72 km)
2. Valencia Sud-Llíria (32,4 km)
3. Puente Madera-Rafelbuñol (13,4 km)
4. Ademuz-Grao (9,8 km)

De lijnen 1 en 2 doorkruisen de stad ondergronds, waarbij tussendiensten ervoor zorgen dat op het tunneltraject om de vijf minuten wordt gereden. Hierop wordt het nieuwe gelede materieel ingezet. De lijnen 3 en 4 blijven

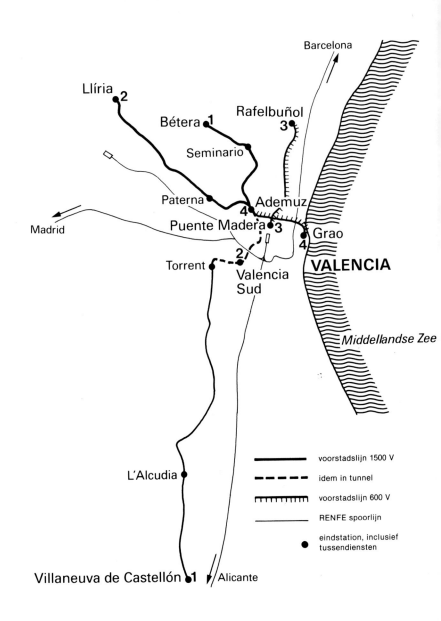

Llíria **2**

Bétera **1**

Rafelbuñol **3**

Barcelona

Seminario

Paterna

Ademuz

Madrid

Puente Madera **3**

4

Grao

4

2

VALENCIA

Torrent

Valencia
Sud

Middellandse Zee

L'Alcudia

Villaneuva de Castellón **1**   Alicante

voorstadslijn 1500 V

idem in tunnel

voorstadslijn 600 V

RENFE spoorlijn

eindstation, inclusief
tussendiensten

Valencia. Na de opening van de tunnel zal het meeste oudere materieel worden afgevoerd. De ex-NMVB-stellen (op de achtergrond) blijven echter dienst doen op de lijnen 3 en 4. (Foto: Max Ockeloen)

ten noorden van de rivier Rio Turia. Hierop komt het ex-NMVB-materieel te rijden. Al het oudere materieel wordt gesloopt of gaat naar een museum dat in Grao in oprichting is.

Barcelona
Er gaan sterke geruchten dat in verband met de te verwachten drukte ter gelegenheid van de Olympische Spelen van 1992 een tramlijn zal worden aangelegd langs de befaamde Diagonal. Wellicht is dit voor Amsterdam een idee om tegen die tijd een collegiaal gebaar te maken.

Lissabon
Hoewel de tijd lijkt stil te staan bij het trambedrijf in de Portugese hoofdstad is dit toch niet helemaal het geval. Zo is sinds 1980 op de helft van het tramnet het spoor vernieuwd en is sinds 1986 op alle tramlijnen, behalve 12, 15, 16, 17 en 19, éénmansexploitatie ingevoerd.
Toch leek het trambedrijf, althans uiterlijk, langzaam te verkommeren en bij velen groeide de bezorgdheid naarmate het stiller werd rond de modernise-

Lissabon. Motorrijtuig 295 in de befaamde boog in het stadsdeel Graça. Het is de vraag of voor dit traject geschikt modern materieel kan worden gevonden.

ringsplannen, die in 1981 met zoveel elan waren aangekondigd. Het was duidelijk dat politiek de wind uit de verkeerde hoek waaide.

En inderdaad, toen als resultaat van de parlementsverkiezingen in juli 1987 de christen-democraten het heft in handen kregen kwamen meteen de plannen weer los. Tussen 1989 en 1992 zal 200 miljoen gulden in het tramnet worden geïnvesteerd. Voor de vlakke lijnen langs de Taag worden 30 gelede motorrijtuigen aangeschaft, terwijl ook voor de steile lijnen landinwaarts een nieuw tramtype zal worden ontwikkeld. Enige trajecten in de binnenstad zullen worden weggesaneerd, maar anderzijds zijn ook nieuwe tramlijnen in de plannen opgenomen, en wel van Xabregas naar Moscavide en van Algés naar Carnaxide en Outurela. Aan laatstgenoemd eindpunt zouden een remise en de nieuwe hoofdwerkplaats moeten komen. Het blijft afwachten…

Porto

De aftakeling van het tramnet van Porto is het laatste stadium ingegaan. In september 1988 zou het depot Boavista worden gesloten, waarbij tegelijkertijd de lijnen 18 en 19 zouden worden opgeheven. Het hulpdepot Massarelos zou in plaats daarvan met werkplaatsfaciliteiten worden uitgerust, zodat de langs de oever van de Douro en de kust van de Atlantische Oceaan lopende lijn 1, Infante-Matosinhos, als een semi-toeristische faciliteit zou kunnen blijven voortbestaan.

Porto. Het depot Boavista in 1978. Het einde kondigt zich al duidelijk aan.
(Foto: Gerard de Graaf)

Groot-Brittannië

Londen

De Docklands Light Railway lijkt een groot succes te gaan worden. Van een aarzelende 17000 reizigers per dag in de eerste maanden, was dit aantal na een jaar al gestegen tot ruim 28000.

Helaas was hiermee niet gerekend en had men het zuinig aan willen doen, zodat alsnog de capaciteit van de lijnen moet worden vergroot.

Dit houdt onder meer in dat de perronlengte bij vrijwel alle stations moet worden verdubbeld om het rijden met gekoppelde stellen mogelijk te maken. Tot het voorjaar van 1990 zal in verband daarmee de dienst 's avonds en tijdens de weekeinden sterk worden beperkt of zelfs geheel worden gestaakt.

Het eerder genoemde tijdstip is belangrijk, omdat dan de verlenging van Tower Hill naar het Underground-station Bank in dienst zal worden gesteld, waarvan men een belangrijke extra vervoerstroom verwacht. Met de aanleg van dit 1,5 kilometer lange, geheel ondergrondse traject is op 14 maart 1988 een begin gemaakt. Voor de 7,7 kilometer lange oostelijke tak naar Beckton hoopt men medio 1989 het groene licht te krijgen, waarmee het basisnet dan zal zijn voltooid. Een verlenging in zuidelijke richting, onder de Theems door, naar Greenwich en Lewisham wordt weliswaar door alle partijen gewenst, maar zit er alleen al om financiële redenen voor deze eeuw niet meer in.

Uiteraard zijn de beschikbare elf motorrijtuigen voor zowel de aangekondigde uitbreidingen als het snel stijgende vervoer te enen male onvoldoende. Er zijn al tien stuks, met de nummers 12-21, bijbesteld, die in de loop van 1989 zullen worden geleverd. In tegenstelling tot de eerste serie worden ze in Engeland zelf – bij BREL in York – gebouwd, zij het onder licentie van Linke-Hofmann-Busch en met gebruikmaking van Duitse draaistellen. Voor de verlenging naar Beckton denkt men nog eens 34 motorrijtuigen nodig te hebben en daarna nog eens 30 indien het vervoer zodanig stijgt dat met drie gekoppelde stellen moet worden gereden. Maar dan moeten eerst de perrons weer worden verlengd...

Manchester

Op 18 januari 1988 gaf de regering toestemming voor de aanleg van de inmiddels „Metrolink" gedoopte sneltramverbinding Bury-Manchester-Altrincham. Voor de helft zal de overheid dit project financieren; de rest moet uit de privésector komen.

Voor het grootste deel zal deze dertig kilometer lange lijn gebruik maken van bestaande spoorlijnen, maar in het centrum van de (voormalige) textielstad komt een straattraject van 2,5 kilometer. Om het publiek aan dit laatste idee te wennen is een uitgebreide voorlichtingscampagne gestart die goed lijkt aan te slaan.

Blijft de vraag wanneer het allemaal gaat gebeuren. Als in de herfst van 1989 met de aanleg kan worden begonnen en niets in de weg zit, zouden de trams in 1992 kunnen gaan rijden.

Blackpool. Sinds 1985 is er weer een moderne open dubbeldekstram.

Blackpool. Experimenteel motorrijtuig 651 is een wel heel kort leven be-schoren geweest. (Foto: Ben Loos)

Blackpool

In september 1987 arriveerden de nieuwgebouwde enkeldekkers 645 en 646, eind 1988 gevolgd door de 647. In diezelfde tijd werden van de oudere serie enkeldekkers 1-13 de motorrijtuigen 6 en 9 afgevoerd, zodat er nu nog zes rijvaardig zijn. Op het frame en de draaistellen van motorrijtuig 7 is een quasi-historisch open motorrijtuig (met hekwerk langs de zijkanten) gebouwd, dat het nummer 619 heeft gekregen.

Voorlopig verdwenen is motorrijtuig 651. Dit was in 1985 gebouwd op be-staande trucks ten behoeve van de firma GEC Traction die er een nieuw type multi-fase motor in wilde uitproberen. Deze proeven zijn in 1988 beëindigd en General Electric heeft de wagenbak voor een nominaal bedrag overgedaan aan Blackpool die er op den duur ongetwijfeld weer een tram van zal maken.

Noorwegen

Oslo

Op liefst drie fronten is de Noorse hoofdstad de laatste jaren bezig zijn wagenpark te moderniseren en aangezien kennelijk een andere afdeling bezig is met de sanering van het lijnennet is de kans niet denkbeeldig dat er binnenkort een materieeloverschot ontstaat.

Allereerst is men al sinds 1985 bezig met het renoveren van elf HØKA-motorrijtuigen uit het begin van de jaren vijftig. Dit gebeurt zeer grondig en de prijs liegt er dan ook niet om, ongeveer 700000 gulden per stuk. In een tempo van drie per jaar kon deze operatie eind 1988 worden afgesloten. Als bijbehorende aanhangrijtuigen werden zeven stuks uit Göteborg overgenomen. Ook deze kregen een grondige opknapbeurt, wat geen overdreven luxe was, want ze dateren uit 1953. Nu de werkplaats eenmaal de smaak te pakken heeft is ook een begin gemaakt met de verbouwing van de eigen aanhangrijtuigen. Als eerste kwam in 1988 de 565 onder het mes.

Daarnaast wordt ook nieuw materieel aangeschaft. In 1987 zijn bij Strømmen vijftien gelede motorrijtuigen besteld, die de nummers 126-140 zullen krijgen. Vergeleken met hun voorgangers 101-125 krijgen ze een andere neus en een dubbele achterdeur. Na aflevering zullen de stadslijnen hoofdzakelijk met geleed materieel kunnen worden geëxploiteerd. De HØKA-stellen verhuizen dan naar lijn 9.

Een verhaal apart vormt het kleurenschema gedurend de laatste jaren. De eerste twee verbouwde HØKA-motorrijtuigen 261 en 262 werden, in plaats van het vertrouwde lichtblauw met crème, donkerrood met grijs geschilderd. Later werd dit donkerrood met blauwe deuren, maar intussen dook ook nog een geheel donkerblauw geschilderd motorrijtuig 207 op. Tien motorrijtuigen en zeven aanhangrijtuigen verschenen uiteindelijk in de rode kleur, wat leuke combinaties opleverde omdat ze zelden samen reden. Het publiek bleek er echter niet van gediend en uiteindelijk is toch weer voor lichtblauw als hoofdkleur gekozen, zij het dat het schema iets is gewijzigd.

Ook het tramnet heeft het afgelopen jaar de nodige wijzigingen ondergaan. Sinds 31 mei 1987 is de tram uit de Dronningensgate verdwenen. In plaats

Oslo. Het gemoderniseerde en rood geschilderde motorrijtuig 266 met licht-blauw aanhangrijtuig 572 in de Drammens Veien. (Foto: Bas Schenk)

Oslo. Roodgeschilderd aanhangrijtuig 586 uit Göteborg achter lichtblauw motorrijtuig 245 op de Nybrua. (Foto: Frits van der Gragt)

Oslo. Motorrijtuig 234 met een aanhangrijtuig in de nieuwste kleuren op lijn 2, kort na vertrek van het eindpunt Sagene. (Foto: Richard Latten)

daarvan rijden de lijnen 1 en 2 nu via het Ooststation. Ook rijden sinds 26 september 1988 de lijnen 7 en 11 in beide richtingen via de Karl Augustsgate, in plaats van staduitwaarts via de Pilestredet.

Op 22 augustus 1988 werd het lijnennet gereorganiseerd, waarbij het aantal lijnnummers met twee is uitgebreid. De lijnen 1, 7, 9 en 11 zijn hetzelfde gebleven. Lijn 2 rijdt echter niet meer naar Disen, maar in plaats daarvan is het eindpunt Sagene geworden. Daarmee rijden op het circa één kilometer lange traject Torshov-Sagene voor het eerst sinds lange tijd weer reizigerstrams. Nadat in 1964 lijn 5 werd opgeheven is het alleen als werkplaatsaansluiting gebruikt.

In plaats van de vele met ,,X'' aangeduide extratrams tijdens de spits zijn er twee spitsuurlijnen gekomen. Lijn 8 rijdt tussen Ullevål Hageby en Ljabru en lijn 10 tussen Skoyen en Kjelsås.

Trondheim

Zweden beschouwen Noorwegen als hun ,,België'' en debiteren over de inwoners soortgelijke grappen als ,,Hollanders'' zich over hun zuiderburen per-

185

mitteren. Het is in dit verband uiterst verleidelijk om de gebeurtenissen in Trondheim te vergelijken met die in Charleroi en er is ook aanleiding toe. Net als in Charleroi werd modernisering van het bedrijf, inclusief alle geld dat erin was gestoken, halverwege door opheffing getorpedeerd en bleek bovendien de lokale museumvereniging de zaken aanzienlijk beter onder controle te hebben dan het gastheerbedrijf, evenals de ASVI in Henegouwen dus.

De beschamende politieke chicanes die het trambedrijf uiteindelijk de nek hebben omgedraaid, hebben de tramminnende wereld tot op het laatst in spanning gehouden. De voorgeschiedenis mag bekend worden verondersteld. Als sinds 1975 woedde een conflict om het voortbestaan van de tram dat in september 1979 voorlopig ten gunste van het railvervoer leek beslecht. Toen echter de dringend noodzakelijke modernisering van baan en materieel aan de orde kwam laaide de strijd opnieuw op. Met grote investeringen in het voor-uitzicht besloot de gemeenteraad op 2 september 1982 de tram op te heffen, om deze beslissing een week later weer gedeeltelijk ongedaan te maken. Lijn 2 zou worden opgeheven, hetgeen op 11 juni 1983 ook daadwerkelijk ge-schiedde, maar lijn 1 zou blijven en worden gemoderniseerd. Het bedrijf rea-geerde alert op de beslissing door reeds op 27 september 1982 elf nieuwe motorrijtuigen te bestellen en de sanering van de baan grondig aan te pakken.

De tegenstanders leggen zich hier echter niet bij neer en worden helaas ge-holpen door het feit dat de nieuwe trams van Linke-Hofmann-Busch in eerste instantie niet winterhard blijken. Er komen twee onderzoekscommissies, waarvan de ene de aanleg van twee nieuwe lijnen adviseert, wat financieel niet haalbaar blijkt, en de andere een besparing van vijf miljoen gulden per jaar belooft als de tram wordt opgeheven.

Op 26 mei 1987 besluit de gemeenteraad opnieuw tot opheffing van de tram en wel op 12 juni 1988. Alles lijkt dan beslist, maar o wonder... Gemeen-teraadsverkiezingen in september 1987 leveren een nieuwe lokale partij op die zes zetels verwerft en onmiddellijk de tramkwestie weer aan de orde stelt. Op 28 april 1988 zou het onderwerp nogmaals in stemming worden gebracht. De gevestigde magistraten waren toen al zo hysterisch geworden dat ze een serieuze poging waagden het stadstraject St. Olavsgate-Lade nog voor die tijd, op 17 april, op te heffen. Hetzelfde zou dan op 2 mei met het gedeelte Munkvall-Lian gebeuren, met als argument dat hier een busspoor moest wor-den aangelegd, omdat wegen in dit natuurgebied ontbreken.

Uiteindelijk gebeurde er niets, doordat de stemming tot 26 mei werd uitge-steld. Toen bleken de kaarten geschud en werd met 50 tegen 35 stemmen voor opheffing besloten.

Trondheim. Een maand voor het einde. Aan het eindpunt Lade ligt een grote voorraad rails, dwarsliggers en bovenleidingmasten die nooit zullen worden gebruikt. (Foto: Bas Schenk)

Op de laatste dag, 12 juni 1988, speelden zich de gebruikelijke tonelen af: bloemen, kransen en overvolle trams. De dag daarna werden de elf nauwelijks vier jaar oude gelede motorrijtuigen naar het hulpdepot Voldsminde overgebracht en in plastic verpakt. Ze zijn daar dichter bij een spoorlijn voor het geval zich een koper aanbiedt, maar dat is nog niet gebeurd, ondanks het feit dat twintig bedrijven in de gehele wereld zijn aangeschreven. Wie kan dan ook een mini-serie van 11 metersporige eenrichtingtrams met de onzinnige breedte van 2,60 m gebruiken? De enige potentiële klant is Oslo, maar daar zitten ze niet om materieel te springen en zullen dus rustig wachten tot de zaak gratis op de stoep wordt afgezet.

Ook een ander vertrouwd ritueel is niet aan Trondheim voorbijgegaan. Zoals een misdadiger zijn sporen uitwist, wordt met frenetieke haast rails en boven-

Trondheim. Motorrijtuig 4 in het stadsdeel Lademoen. (Foto: Bas Schenk)

Trondheim. Dit spectaculaire viaduct tussen Ile en Munkvoll ligt in het toekomstige museumtraject. (Foto: Ben Loos)

leiding uit de stad verwijderd. In plaats van de tram zijn vier buslijnen gekomen waarop, gedwongen door de afwezigheid van rechtstreekse wegen, het dubbele aantal bussen moet worden ingezet. De bedoeling is dat op den duur tussen Munkvoll en Lian een busspoor via het tracé van de tramlijn wordt aangelegd.

En nu de museumvereniging. Die had zich, met de catastrofe in zicht, al lang via cultuur- en monumentenzorg ingedekt. Een dag na de officiële opheffing reed een triomfantelijke stoet van 20 museumtrams van Voldsminde naar het pas in 1984 gebouwde depot Munkvoll. Ook daarna is iedere zaterdag tussen St. Olavsgate, aan de rand van de binnenstad, en Lian voor het publiek met museumtrams gereden.

Dit is meer dan de helft van de vroegere lijn 1. Voor de toekomst is te verwachten dat minstens het traject Ile-Munkvoll, maar wellicht de hele vroegere Gråkelbanen tot Lian, voor museumexploitatie beschikbaar blijft. In het laatste geval ontstaat een enkelsporig mengbedrijf tussen tram en bus over de aan te leggen busbaan!

Zweden

Stockholm

Sinds kort gonst het in de Zweedse hoofdstad weer van de tramplannen. Op 19 mei 1988 werd het resultaat van een studie gepresenteerd, die voorziet in de aanleg van vier lijnen in het centrum met een gezamenlijke lengte van 38 kilometer, aangevuld door een 67 kilometer lange ringlijn die de buitenwijken met elkaar moet gaan verbinden en voor een groot deel gebruik zal maken van bestaande goederensporen. Op laatstgenoemde lijn moet sneltrammaterieel komen te rijden dat ook in de metrotunnel kan worden ingezet. Voor het stadsnet denkt men aan het type gelede tram dat voor Göteborg is ontwikkeld.

Wanneer deze plannen kunnen worden gerealiseerd valt op het moment nog niet te zeggen. Veel dichter bij verwezenlijking staat echter de aanleg van een drie kilometer lange museumtramlijn via de vroegere route van lijn 7 tussen het museumeiland Djurgården en Normalmstorg aan de rand van de binnenstad. De stad zal voor 13 miljoen gulden de lijn aanleggen, waarna de nationale tramvereniging Svenska Spårvägssällskapet de exploitatie op zich gaat nemen. De bedoeling is dat in het voor- en najaar tijdens de weekeinden en gedurende de zomermaanden dagelijks om het kwartier wordt gereden. De baan wordt van een zodanige kwaliteit dat ook het materieel van het geplande nieuwe tramnet er gebruik van zal kunnen maken.

Het materieel voor de museumexploitatie zal in eerste instantie uit Stockholm zelf komen, maar daarnaast worden ook nog drie „Mustang"-tramstellen uit Göteborg overgenomen. In 1990 of 1991 zal deze tramlijn in dienst worden gesteld.

Göteborg

Het 600 meter lange nieuw aan te leggen traject, dat het eindpunt Sahlgrenska van lijn 7 met de lijnen 1 en 2 in de Dag Hammerskjöldsleden moet gaan verbinden, zal in de zomer van 1989 in gebruik worden genomen. De aflevering van de gelede trams 201-230 is inmiddels voltooid. Ze worden voornamelijk op lijn 8 ingezet. In aansluiting zijn nog eens vijftig stuks van dit type besteld.

Norrköping

Voor de in 1990 in dienst te stellen tramlijn naar Navestad zullen tien enkel-gelede motorrijtuigen worden besteld.

Stockholm. Lijn 211 op de gerenoveerde brug naar het eiland Lidingö. (Foto: Richard Latten)

Göteborg. Gelede motorrijtuigen 201 en 202 gekoppeld onderweg op lijn 8, op het punt waar van rechts op links verkeer wordt overgegaan. (Foto: Bas Schenk)

Göteborg. Driewagentram op lijn 2 aan de Drottningtorget.

Finland

Helsinki

Het is erg eentonig geworden bij het trambedrijf in de Finse hoofdstad, omdat de dienst vrijwel geheel wordt beheerst door de moderne gelede motorrijtuigen 31-112. Slechts op werkdagen zijn op lijn 2 die vierassers 1-30 uit 1959 nog aan te treffen.

Helsinki. Geleed motorrijtuig 46 op lijn 3B naast vierasser 29 op lijn 2 aan de Kauppatori.